MUJERES IMPRESIONANTES EN MOVIMIENTO

# NACIONAL

# Libro de Oración

REZANDO POR

*Todo bajo el sol*

## TENARIA DRUMMOND-SMITH

Oraciones de 52 Mujeres

HOV
PUBLISHING

HOV Publicación, una división de HOV, LLC. www.hovpub.com / hopeofvision@gmail.com

Diseño de portada: Chantelle Roberts para Editora de diseños sobresalientes / Corrector de pruebas: Jeff Smith y HOV Publicación
Póngase en contacto con la autora Tenaria Drummond-Smith en: tds@awesomewomenonthemove.org y FB: @AwesomeWomenOnTheMove

Para obtener más información sobre descuentos especiales para compras a granel, comuníquese con Tenaria Drummond-Smith o hopeofvision@gmail.com

Libro de bolsillo ISBN: 978-1-955107-94-5

10   9   8   7   6   5   4   3   2
Impreso en los Estados Unidos de América.

# Aprobación

Gracia y paz de nuestro Señor Jesucristo.

Hermana Tenaria Smith, quiero felicitarla por el lanzamiento de su nuevo libro de oración Mujeres impresionantes en movimiento. Creo que tu mano está en el pulso correcto del tiempo que estamos viviendo.

La oración nos permite el acceso directo a Dios y esto es lo que necesitamos, una entrada directa a Dios. Cuando oramos, básicamente estamos teniendo una conversación con Dios. No hay una forma correcta o incorrecta de orar, ni hay frases universales para usar o requisitos especiales a seguir. La oración es un privilegio otorgado por Dios que nos permite construir una relación con él.

Entonces, vayamos a nuestras posiciones de oración y leemos las oraciones descargadas en los corazones de estas preciosas mujeres de Dios. Que cada palabra se eleve a los cielos, que las almas se fortalezcan y las personas sean sanadas. Dios te bendiga hija, que sigas buscando la voluntad de Dios.

Obispo Derrick Farmer, DD
Pastor Principal, Templo Pentecostal de Cristo

# Aprobación

Me siento honrado de presentarles este libro. Estás leyendo una colección de oraciones de Mujeres impresionantes en movimiento presenta ... "Libro de oración nacional: Orando por todo bajo el sol". Mientras celebramos el Mes de la Historia de la Mujer, permita que estas mujeres compartan oraciones que las sanarán,le darán luz y las liberarán. Todo lo que está sucediendo en nuestra nación, y en el mundo, estoy seguro de que su vida, está cubierto por la oración en este libro. Si abre su corazón, estas oraciones resonarán en usted y cambiarán su vida.

Conozco a la profetisa Dr. Tenaria Drummond-Smith desde que era una niña. Siempre estuvo enérgica y atenta con su abuela. Hoy, ella se mantiene firme sobre los hombros de grandes mujeres que oran. Abre tu corazón para recibir estas oraciones que te catapultará a la presencia del Dios Todopoderoso y te bendecirán cuando salgas de tu cámara de oración. Tenaria, Dios te bendiga y que Dios te siga usando para cumplir tu propósito de ayudar a las mujeres a alcanzar su destino en Dios.

Apóstol Dra. Patricia A. Wiley
Pastora principal / organizador, Ministerios Oil of Joy II, Inc.

# Prefacio

Así que aquí estamos de nuevo con otro proyecto que Tenaria ha creado y alimentado. El tiempo nos ha pasado, pero se ha hecho útil en la construcción y realización de un proyecto tras otro a medida que nuestro Dios le da visiones. Ha sido, y sigue siendo, mi papel, ser testigo y apoyo de todo lo que Tenaria avanza, incluso cuando algunas cosas pueden no ser tan claras para mí al principio.

Hasta la fecha, este Libro de Oración para Mujeres Impresionantes en Movimiento ha sido nuestra tarea más intensiva y a gran escala hasta el momento. Este es un gran logro para ella, para mí, para nuestra editora Germaine Miller-Summers de Hope Of Vision Publishing y para cada coautor participante que se sacrificó y trabajó en oración para dar vida a los huesos de este proyecto. En el poder del Espíritu Santo, este libro de oraciones es la prueba de lo decretado en el primer libro de Tenaria, "Me han lastimado en la Iglesia". Más de lo que nadie podría saber, yo mismo sé esto como su esposo: Dios no ha terminado de glorificarse a sí mismo a través de Su hija. No aún no.

El SEÑOR dice en Jeremías 29:12 (KJV), "Entonces me invocareis, e iréis y orareis a mí, y yo os escucharé", y os invitamos a que sepan por vosotros mismos que lo que Dios ha hablado es verdad. ¡La oración funciona! Para aquellos que ya saben, los invitamos a profundizar en la oración para ascender más alto. Oro para que este esfuerzo colectivo, profético bendiga, anime y fortalezca el corazón y la mente de los lectores en el conocimiento, la presencia, la paz y el poder de nuestro Señor Jesucristo. A Dios solo le pertenece la gloria, el poder, la alabanza y el dominio. Que la gracia y la paz de nuestro Dios descanse sobre cada lector de este libro. Amén.

Jeff Smith, Cofundador de Mujeres impresionantes en mover

MUJERES IMPRESIONANTES EN MOVIMIENTO

# NACIONAL
# Libro de Oración

REZANDO POR

*Todo bajo el sol*

# Contenido

Nota: Como los coautores, la mayoría de los cuales no se conocen entre sí, oraron según el corazón de Dios, los signos de los tiempos se muestran en la coincidencia de algunos temas recurrentes.

# Libro de oración nacional

Dr. Tenaria Drummond-Smith, fundadora y visionaria de Mujeres impresionantes en movimiento : Dios me dio la visión para hacer este Libro de Oración de Mujeres Impresionantes En Movimiento con cincuenta mujeres porque la oración es mi vida y es lo que hago. Me encanta el hecho de que puedo hablar directamente con Dios y cómo Él me responde, y habiendo dicho eso, sé que no estoy sola. Dios me dijo que es imperativo que el libro cubra todo lo que puedo imaginar y pensar. A todas las personas a las que Dios les ha permitido participar en este libro de oraciones se les asignó orar por ciertos asuntos con los que trata Su pueblo. Alguien debe permanecer en la brecha por algo que podríamos haber visto, oído o experimentado.

La Biblia dice claramente que no hay nada nuevo bajo el sol. Lo que estamos experimentando en nuestras vidas es el cumplimiento de la profecía. Todavía creo en el poder de la oración, incluso cuando parece que Dios ha dejado de moverse. Es mi deseo que todos los que lean este profético Libro de oración de Mujeres impresionantes en movimiento sientan el poder de la oración ungida que proviene de estas páginas. Oro para que este libro llegue a los cuatro rincones de la tierra. Oro para que cada oración sea respondida y la vida de la gente cambie. Dios usará las oraciones contestadas como testimonio de que él todavía responde a las oraciones. La gente sabrá que la oración todavía funciona.

Señor, te pido que bendigas este proyecto para que ESTE LIBRO DE ORACIÓN SE ESCRIBA EN DIFERENTES IDIOMAS. Amén y amén.

"Porque donde dos o tres están reunidos en mi nombre, allí estoy yo en medio de ellos". (Mateo 18:20 RV)

# Autores

ORACIÓN POR: DR. TENARIA DRUMMOND-SMITH

Sí Señor, te agradezco ahora mismo en el poderoso nombre de Jesús. Dijiste que podemos hacer todas las cosas a través de ti, y que seremos cabeza y no cola en el poderoso nombre de Jesús. Señor, te pido que le des a aquellos que tienen una historia para contar la fe que salgan y escriban su primer libro en el nombre de Jesús. Señor, que no tengan miedo, ayúdales a poner sus pensamientos en un papel. Oh Dios, no nos has dado un espíritu de miedo, sino de amor, poder y una mente sana. Oh Dios, te pido que animes a los que lean esta oración a que empiecen a escribir inmediatamente porque su historia podría ayudar a otra persona que podría estar pasando por una situación similar.

Oh Dios, nos dices en tu palabra que escribamos la visión y que quede clara, gloria a Dios. Señor, ayuda a que la historia de cada autor salga adelante para hacer tu voluntad y todo para tu gloria. Oro en el nombre de Jesús para que sus libros lleguen a los cuatro rincones de la tierra. Los libros se escribirán en todos los idiomas en el poderoso nombre de Jesús. Oh Dios, que sus libros se conviertan en obras de teatro y películas. Señor, sabemos que no hay nada imposible de hacer para ti. Declaro que la historia de alguien recibirá premios Emmy por una película o un cortometraje. Puedes hacerlo Señor, porque eres dueño del cielo y la tierra. Señor, dijiste que Nosotros no tenemos porque no pedimos, así que te pido todo con fe en el poderoso nombre de Jesús. Amén.

Referencias bíblicas: Salmo 84:11; Habacuc 2: 2

# Sin Hogar

ORACIÓN POR: SOPHIA L. GREENE

Alabado sea el que da y recibe. Señor, mientras me siento en tu presencia con humildad, busco en ti todas las respuestas que busco. Te agradezco mi hogar y la cobertura que me han preparado. Padre Dios, te traigo a todas las almas que están sin hogar o entre hogares. Padre, te pedimos que les des la fuerza para pasar el día y confiar en tus promesas. Dijiste que serías nuestra roca y ancla en nuestros tiempos de necesidad, y te creemos. Dijiste que nunca nos dejarás ni nos desampararás, y te creemos. Eres el cumplidor de la promesa y no un mentiroso. Hoy, ponemos en oración a todas las personas que han perdido sus hogares. Dependen únicamente de ti para su provisión. Padre, camina por todos los rincones del mundo y consuela a todos los que se sienten desesperados en este momento de sus vidas.

No importa dónde estemos en nuestro caminar contigo, hay esperanza en Dios todos los días. Nunca olvidemos que una casa o una vida sin ti es una vida sin hogar. Vivir contigo en nuestras vidas y reconocerte todos los días mientras nos esforzamos por obedecer tu palabra es el verdadero sentimiento de tener un hogar. Padre te damos gracias y te adoramos. Eres sumamente digno de ser alabado. En tus brazos está el verdadero hogar y contigo, nuestras copas se llenan y se desbordan cada día. Shalom.

# Claridad

ORACIÓN POR: ROBERTA JONES-JOHNSON

¡Aleluya! Padre Dios, en el nombre de Jesús, vengo a ti alabando tu santo nombre y agradeciéndote por darme vida hoy. Te pido perdón donde me quedo corto. Continúa advertiéndome, para ser más como tú y menos como yo. Eres el gran Dios sobre todo, el único que merece todo el honor y alabanza.

Padre, vengo a ti pidiendo claridad y enfoque en la vida de tu gente. El mundo coloca tantas distracciones frente a nosotros que nos hacen perder el enfoque. Padre, te pido que su Espíritu Santo nos permita hacer a un lado esas distracciones y personas y que nos permita enfocarnos en lo que es importante en nuestras vidas y enfocarnos en ti. Padre, reprendo todo ruido, toda circunstancia y todo espíritu que intenta bloquear nuestra concentración. Oro por nuestra fuerza para librar de nuestro entorno a las personas que no quieren que estemos unidos a ti y tengamos éxito.

Padre, oro para que se haga tu voluntad en nuestras vidas. Por siempre te damos la gloria. Ayúdanos a mantener nuestra visión y a concentrarnos en hacer todo lo que esperas que hagamos. Oro para que tomemos el control de nuestros pensamientos errantes. Guíanos en nuestras palabras, nuestros pensamientos y nuestras acciones. Padre, ayúdanos a priorizar nuestras situaciones, problemas y circunstancias de la vida. De acuerdo con tu voluntad, ayúdanos a separar nuestras necesidades de nuestros deseos. Ayúdanos a enfocarnos en tu voz mientras nos das dirección para nuestras vidas.

Dios Padre, eres el Dios del orden que nos ayuda a mantener nuestras vidas en orden. Ayúdanos a organizar el hogar y el lugar de trabajo. Ayúdanos a eliminar la confusión y las interrupciones. Ayúdanos a alejarnos de distracciones causadas por espíritus. Señor, nos dices que ningún arma que se forme contra nosotros prosperará, y cumplimos tu palabra. Oro para que meditemos en tu palabra y veamos con suficiente claridad como para no asumir más cosas de las que podemos manejar. Somos nuevas criaturas en Cristo y nuestros caminos anteriores ya no existen. Señor, ayúdanos a ser una bendición para los demás. Ayúdanos a rodearnos de personas que compartan nuestras visiones. Te alabamos porque nuestro éxito proviene de ti. En el nombre de Jesús. Amén.

Referencia bíblica: Isaías 54:17

# Maldiciones de generación

ORACIÓN POR: PROFETA VON BRAND

Padre, te damos gracias hoy por ser nuestra cobertura y por ser nuestro cerco de protección mientras nos mantenemos unidos en unidad para romper la espalda de Satanás. Dijiste que cuando dos o tres se reúnan en tu nombre, podemos estar seguros de que estás en el medio, por eso queremos reconocer tu presencia. Señor, nos dijiste que podemos acercarnos con valentía al trono de la gracia con confianza para que podamos recibir misericordia y encontrar la gracia que nos ayude en nuestro momento de necesidad. Te necesitamos hoy, Jesús, mientras venimos contra las maldiciones generacionales.

Haznos saber la verdad, que todo lo que atemos en la tierra quedará atado en el cielo y todo lo que desatemos en la tierra será desatado en el cielo. Por eso atamos esos espíritus de amargura, rebelión, contienda, control, rechazó, acusación, celos, depresión, pobreza, preocupación, duda, enfermedad mental, paranoia, glotonería, cultos, impureza sexual, codicia, nerviosismo, persecución, religión falsa, maldición. , enfermedad, muerte, herencia por abuso físico, emocional o mental, competencia y cualquier otra maldición generacional. ¡Les ordenamos que se vayan ahora en el poderoso nombre de Jesús! Padre, libramos a tu gente de todo lo que hicieron sus antepasados que vino a través del linaje. ¡Se detiene con ellos y se detiene hoy! Ni sus hijos ni los hijos de sus hijos tendrán que ser sometidos a ese hombre fuerte. Sabemos que Satanás viene a matar, robar y destruir, pero tú viniste para que tengamos vida y la tengamos en abundancia.

Señor, te damos gracias porque sabemos que puedes hacer cualquier cosa menos fallar. Te agradecemos por ser un hacedor de milagros y por levantar la cabeza. Te agradecemos por liberarnos de la esclavitud de nuestro pasado. Dijiste que si el Hijo nos libera, seremos realmente libres. Te damos gracias por saber que todo lo que pidamos en oración, si creemos que lo hemos recibido, será nuestro. Señor, creemos. Padre, al sellar esta oración con la sangre de Jesús, te damos gracias por permitirnos venir a tu presencia. En el nombre de Jesús oramos, amén.

# Juventud

ORACIÓN POR: ANNETTA DRUMMOND

Padre, te alabamos, te adoramos y bendecimos tu santo nombre. Padre, estamos en la brecha por nuestra juventud. Llamaste a los jóvenes porque son fuertes. Te pido en confianza que los mantenga firmes y alertas en todo lo que digan y hagan. Que puedan perseverar durante su adolescencia y que confíen en ti para que puedan resistir las mentiras y trampas del enemigo en el nombre de Jesús.

Padre, oro para que mantenga la mente de nuestros jóvenes en ti. Ayúdalos a huir de la inmoralidad sexual y a mantenerse puros para reservar el regalo del sexo para el matrimonio. Puedes evitar que caigan y presentarlos impecables ante tu trono en gloria. deja que se haga en el nombre de Jesús.

Padre, te ruego que mantengas a nuestra juventud a tu semejanza y a tu imagen. Déjalos ser más como tú en el reino de la tierra. Úsalos como flechas en tu arco en el reino espiritual. Úsalos para tu honor y gloria, y apártalos para salir y ganar almas en tu nombre. Haz retroceder a los que se han descarriado. Padre, lávalos con tu sangre y con tu amor incondicional. Envía a tus ángeles para que los vigilen y los guarden en todos sus caminos. Te pido que toques, sanes y liberes a aquellos que tienen mentes atribuladas y están luchando con su salud mental, abuso de drogas, promiscuidad, pornografía y abandono. Deje que su Espíritu Santo los sane desde la raíz de sus problemas. Toca sus mentes. Déjalos en libertad para que te adoren en la belleza de la santidad tal como los has creado. Guíalos en todos sus esfuerzos en el nombre de Jesús.

Para aquellos que están encarcelados, recuérdales su gracia y misericordia. Hágales saber que usted es su esperanza. Envía a tus ángeles para consolarlos y mantener sus mentes en ti. Oro para que conozcan a Jesús, Señor y Salvador, y entreguen sus vidas a tu autoridad. Enséñeles cómo tener una relación íntima contigo. Padre, reconstruye lo que está roto en ellos en el nombre de Jesús. Amén.

# Derechos humanos

ORACIÓN POR: REINA MADRE BLAKELY

Te llamamos a ti, la fuerza Divina dentro de nosotros, a ser un pueblo justo. Ayúdanos a ser rectos y justos unos a los otros. Dios, escucha nuestras oraciones y concede nuestras súplicas. Venimos como niños buscando tu misericordia y tu intervención divina. Escuche nuestra oración de amor y justicia los unos hacia los otros. Sabemos que eres un Dios justo, un Dios de misericordia y amor. Oh Dios, perdónanos todos nuestros pecados y transgresiones contra ti y contra otros. Permítanos ser como tu, y reflejar la imagen de ti mismo en nosotros para ser justos el uno con el otro. Muéstranos cómo mostrar humildad cuidándonos unos a otros con amor y respeto. Podemos tener diferentes religiones, culturas y tradiciones, pero enséñanos a amarnos unos a otros. Buscamos tus caminos justos.

Creador, todos tenemos derecho a tener comida. Tenemos derecho a estar vestidos y protegidos de los elementos de la vida. Oh Señor, nos conociste antes de que fuéramos conocidos y concebidos en el vientre de nuestras madres. Te rogamos que nos mantengas en el camino sagrado con una mente sana y justa. Líbranos de causarnos daño y peligro unos a otros. Ayúdanos a cultivar un amor mutuo que sea justo. Ten misericordia de nosotros a medida que comprendemos mejor la vida. Ayúdanos a tener una conciencia divina de los derechos humanos. Lo que queremos para nosotros, deberíamos quererlo para los demás. Dios, permítenos ser tu justicia para hablar de tu rectitud . Amén.

# Prisión

ORACIÓN POR: JANET LENNOX

Abba Padre, te damos gracias y te alabamos por quien eres, el Dios del Universo y el Padre de Abraham, Isaac y Jacob. No venimos a ti con otro nombre que el de Jesucristo de Nazaret. Te pedimos que nos perdones de los pecados conocidos, ocultos y presuntuosos en el nombre de Jesús. Padre, venimos en contra del espíritu de encarcelamiento, ya sea que nos ataque física, espiritual, mental o financieramente. Sometemos los poderes de las tinieblas que nos aprisionan con la sangre de Jesús. Señor Dios, cuando Pablo y Silas te adoraron mientras estaban presos, abriste las puertas de la prisión. Señor Dios, te adoramos y ordenamos que esas puertas que nos cierran se abran ahora mismo en el nombre de Jesús.

Espíritu de prisión que provoca restricción, depravación y sufrimiento, te anulamos y te denunciamos por cerrar puertas que nos alejan de nuestro lugar de progreso destinado. Espíritus de restricción, depravación, sufrimiento y destrucción, suelten su control ahora mismo en el nombre de Jesús. Espíritu Santo, haz lo que quieras en nuestras vidas. Salimos de cada situación de encarcelamiento ahora mismo en el nombre de Jesús. Por la sangre de Jesús, ordenamos a las fuerzas malvadas que luchan con nosotros para vencernos que sean esparcidas por el fuego de Dios ahora mismo. Hacemos un llamado a la sangre de Jesús para que se derrame en cada parte de nuestras vidas donde Satanás nos ha aprisionado. Ahora caminamos en nuestra libertad porque todo aquel que Dios libera es verdaderamente libre. Gracias, Jesús, por tu bondad amorosa y tiernas misericordias que nos mantienen siempre en el nombre de Jesús. Amén.

# Ancianos

ORACIÓN POR: DAWN GRANTHAM

Padre Dios, en el precioso nombre de Jesús, protege a nuestros mayores. Si tienen que salir sin supervisión, incluso si es solo para ir al supermercado, ¡protégelos, Señor! Que nadie tenga la oportunidad de tomar sus pertenencias o lastimarlos como vemos en las noticias. Que ninguno de estos hombres sea tan cruel y trate de violar a nuestras ancianas. Necesitan ayuda Señor, por favor ayúdalos. Deténgalos en sus pistas la próxima vez que intenten hacer daño. Distráigalos para que se olviden de sus intenciones. Oh Señor, agáchate y toca los corazones de las personas para que cedan sus asientos en los trenes y autobuses para nuestros ancianos. No deberían tener que pararse aferrándose a sus vidas mientras jóvenes sanos se sientan a su alrededor.

Señor, ten piedad de nuestros ancianos porque lo sabes todo sobre ellos. Deja que tus angeles desciendan del cielo y acampen alrededor de ellos mientras van y vienen. Manténgalos fuera de peligro. Si nuestros ancianos necesitan ayuda para cruzar la calle, envíe a las personas adecuadas en su camino que estén dispuestas y felices de ayudarlos de corazón. Toque el corazón y la mente de sus seres queridos para ver a los familiares ancianos que podrían estar en hospitales y hogares de ancianos, sintiéndose solos y como si nadie se preocupara por ellos. Señor, ten piedad de ellos. Para aquellos que reciben atención domiciliaria, bríndales la mejor atención posible. Bendice a sus asistentes domésticos con paciencia y conocimiento. Bendícelos con la comprensión de cómo tratar las necesidades de sus pacientes y valore sus vidas como si fueran su propia familia y amigos. Oh Señor, recuerda a los ancianos que están encerrados en la cárcel y a los que no tienen hogar. Envía a tu gente a ministrarles y

ayúdelos a juntar sus vidas. Oh Señor, te pido todas estas cosas en el precioso nombre de Jesús. ¡Amén!

Referencia bíblica: Salmo 121

# Víctimas

ORACIÓN POR: MIRANDA RIVERS

Señor, oramos por aquellos que perdieron la vida por desastres naturales. Oramos por aquellos que perdieron la vida a causa de la violencia sin sentido. Oramos por las víctimas que sobrevivieron y están traumatizadas. Vivimos en estos tiempos en los que los asesinatos al azar, los tiroteos y los ataques terroristas son la norma. Dios Padre, venimos a ti tan humildemente como sabemos. Te pedimos que toques los corazones de aquellos cuyas vidas han sido devastadas. Guardamos en nuestro corazón a nuestros seres queridos cuyas vidas han cambiado debido a la pérdida de sus seres queridos. Te pedimos que rodé con tus brazos a estas familias y los consuele. Ayude a transformar sus mentes y corazones para que puedan sentir su presencia. Señor, quita la tristeza de sus corazones. Bendice a los que han sobrevivido y se esfuerzan por tener el coraje de afrontar los días venideros. Bendice a las víctimas que han seguido viviendo a pesar de su devastación.

Cada día que dejamos nuestros hogares y regresamos sanos y salvos es una bendición, así que Dios, te damos gracias. Es difícil no vivir con miedo cuando vemos actos de violencia sin sentido a nuestro alrededor. Vemos gente matando gente por odio y terrorismo contra la sociedad. Dios Padre, eres el dador de vida y paz. Te pedimos que ablanden los corazones y establece las mentes de aquellos que cometen violencia de odio contra su pueblo. Reemplaza el odio en sus corazones con amor, reemplaza su violencia con paz, reemplaza su oscuridad con luz. Ayúdalos a conocer tu presencia y ayúdalos a convertirse en hijos de Dios. Te pedimos todas estas cosas en el nombre de Jesús. Amén.

Referencias bíblicas: Salmo 23: 4, 34:14, 140: 1,4

# Perdón

ORACIÓN POR: SARAH NICHOLS

Padre nuestro, entramos por tus puertas con acción de gracias y por tus atrios con alabanza. Eres tan maravilloso, eres tan grandioso, y alabamos tu santo nombre. Gracias por tu fidelidad. Eres el Alfa y el Omega, el principio y el final. El autor y consumador de nuestra fe, el creador de nuestro principio y fin. Eres tan digno de toda alabanza y gloria. Padre, te amamos y te damos gracias por ser quien eres. Te pedimos el perdón de nuestros pecados y nuestra limpieza de toda maldad. Damos gracias a tu hijo Jesús por mostrarnos los mayores dones de perdón en tu palabra. Te damos gracias por el don de tu Espíritu Santo que nos ayuda, consuela, enseña y nos conduce a toda la verdad.

Gracias por tu regalo del perdón al darnos el regalo de tu Hijo Jesucristo, quien dio su vida por nosotros para que pudiéramos ser perdonados. Padre, gracias por tu misericordia y gracia que nos das cada día. Cómo nos has amado y perdonado incondicionalmente, ayúdanos a poder perdonar a quienes nos lastimaron. Padre, ayúdanos a liberar el dolor y empezar a amar como ama Jesús. Ayúdanos a lidiar con nuestras emociones para que no controlen nuestras acciones. Señor, enséñanos a dejar que la paz que viene de Cristo gobierne en nuestros corazones. Cuando perdonamos con nuestras palabras, permita que su Espíritu Santo llene nuestros corazones de paz. Dios, a medida que nos acercamos a ti, ayúdanos a dejar ir la falta de perdón. Con gratitud, veamos lo bueno en las personas y encontremos la compasión que viene con el verdadero perdón. Ayúdanos a ser conscientes de esta oración cuando veamos a las personas que nos lastiman para que podamos tener tus pensamientos hacia ellos. Te damos las gracias por sanarnos ahora mismo y por perfeccionar nuestro amor en el perdón. Te agradecemos por sanar nuestros cuerpos de enfermedades o dolencias debido a la falta de perdón. Te agradecemos porque el estrés ya no será parte de nuestras vidas, y cómo la paz de Dios que sobrepasa todo entendimiento lo reemplazará. Te damos honor y alabanza. Te amamos Señor, y te estamos agradecidos. En el nombre de Jesús, amén.

# Familias disfuncionales

ORACIÓN POR: CAMEO BOONE

Padre, vengo a ti en oración en el precioso nombre de Jesús, agradeciéndote por tu aliento y tu vida. Les agradezco la oportunidad de acudir a ustedes en nombre de la familia disfuncional. Elohim, como mujer negra, entiendo cómo la esclavitud ha tomado una gran parte de nuestra identidad y ha creado nuestra carencia y disfunción en la sociedad. Me doy cuenta de que no fue por casualidad que la esclavitud se utilizó para oprimir, controlar y dividir a la familia, y volvió vulnerable al hombre negro. Padre, también entiendo que mucha de nuestra gente te ha dado la espalda desde el principio. Hemos permitido que la sociedad moldee nuestros pensamientos y vidas. Satanás ha establecido un sistema mundial que te denuncia en la escuela y en el hogar. Oro para que las familias oren más y lean juntas tu palabra. En el nombre de Jesús, me enfrento a cualquier punto de vista satánico a través de los medios de comunicación que esté influyendo en la familia. ¡Vengo contra la explotación de nuestros talentos en el nombre de Jesús! ¡Gracias por nuestros dones y talentos que te glorifican! Padre, danos el deseo de servirte para que podamos eliminar la disfunción familiar.

Gracias, Jesús, por fortalecer a la familia en este sistema satánico que hace que sea difícil para nosotros proveer y sobrevivir. ¡Reprendo la pobreza y la vida de cheque a cheque en el nombre de Jesús! Reprendo el divorcio y la violencia doméstica en nuestras familias. Reprendo el abuso de drogas y alcohol delante de nuestros hijos. Padre, nunca construirías un sistema para que trabajemos o comprometamos nuestra moral y creencias a fin de obtener riquezas. ¡Este sistema no fue construido para nosotros! Te agradezco porque no tendremos que comprometer nada

más, Jesús! ¡Oro por la cobertura de la sangre de Jesús sobre nuestras familias! ¡Te doy gracias a Dios, porque sabías que estas cosas sucederían antes de la fundación del mundo! ¡Gracias por darle una salida a la familia! Gracias por darnos un plan para construir comunidades que les sirvan y funcionen de manera autosuficiente con este sistema, como lo hicieron los hebreos en la tierra de Goshen. Te agradezco porque tenemos la victoria sobre este sistema, sabiendo que nunca nos abandonarás. Gracias por la liberación de la familia disfuncional, Elohim. Amén.

Referencias bíblicas: Génesis 45: 3-10, 47: 6;
Deuteronomio 31: 6

# Reincidentes

ORACIÓN POR: CYRINTHIA HILL-FLOWERS

Señor Jesús, restaura al descarriado que ha dejado su primer amor. Tráelos a ti, el que los guardará, los entregará y los liberará. Restaura su vida de oración y su caminar en ti. JESÚS, ¡Perdónalos por soltarse! Perdónalos por no confiar más en ti. Jesús, la circunstancia que les hizo retroceder, te pido que lo alejes de ellos. Vengo en el nombre de Jesús armado con la espada del Espíritu y la palabra de Dios, sabiendo que estás casado con el descarriado. Ayuda al descarriado a buscar tu rostro, querido Dios, llámalo de vuelta a ti. Llénalo de tu poder y tu unción. Jesús, dale la fuerza para pararse y dar ese paso hacia ti.

Dios, venimos en contra de todo y de todo espíritu que hará que tu pueblo retroceda. Atamos el desánimo, la desilusión, la ira, la falta de perdón, la desesperanza, la desconfianza y el dolor en la iglesia que hizo que las almas dejaran el cuerpo de Cristo a causa de ella. Padre, en el nombre de Jesús, declaramos sanidad y, por fe, creemos que los que se han vuelto, vuelven a ti. Jesús, reclamamos almas para el reino. Todos los que han sufrido heridas en estas áreas son sanados en el nombre de Jesús. Padre, están dejando ir el dolor y tú estás penetrando en sus corazones y bendiciendo a todas y cada una de las almas. Oro para que reciban instrucciones claras para que te devuelvan su vida en el nombre de Jesús. Señor, permíteles experimentar tu gracia y misericordia. No permita que se pierdan tus promesas, plan y propósito para sus vidas.

Padre, ayúdales a saber que todavía los amas con amor eterno. Todos los planes que el enemigo ha usado para sacar su gente fuera de la relación se rompe ahora en el nombre de Jesús y que ya no prosperará. Gracias, Jesús, porque el cielo se regocija por cada alma que vuelve a ti. Gracias por eliminar el dolor y la vergüenza y por reemplazarlos con su paz, amor, alegría, felicidad y perdón. Sobre todo, que sentirán el amor de Cristo una vez más, ahora y para siempre en el poderoso nombre de Jesús. ¡Amén!

Referencias bíblicas: Jeremías 3:14, 29:11; Gálatas 5:22-23, 6:1; Lucas 18: 1; Proverbios 3:5-6; Hebreos 4:12; Efesios 6:17-18; 2 Reyes 4:12; Mateo 15:24; Salmo 32:8; 2 Corintios 12:9

# Dolores de cabeza

ORACIÓN POR: JOYCE ROLLINS

Dios, gracias por tu misericordia y tu gracia. Gracias por una nueva oportunidad de presentarme ante tu trono. Señor, eres santo, eres justo. Te doy gloria, honor y alabanza porque solo tú eres digno. Eres incomparable y eres misericordioso. Eres cariñoso y amable. Eres el único camino y la verdad. Tu eres la vida. Dios, no hay curación sin ti. Gracias por no dejarnos nunca. Gracias por escuchar nuestras peticiones y por enviarnos respuestas. Te invoco como el Gran Médico, el Dios que cura toda enfermedad. Vengo ante ti orando por los dolores de cabeza. Sé que la enfermedad no es tuya. Sé que eres un sanador. A pesar de la enfermedad y el dolor, eres Dios. Te hablo, espíritu de dolor de cabeza, y te ordeno que huyas. Te maldigo a ti y a tu asignación de regreso al abismo del infierno.  Habló directamente al diablillo adherido al nervio; libérate en el nombre de Jesús. Asumo la autoridad sobre cada demonio que causa inflamación. Hablo a cada bloqueo y pasillo cerrado, a cada obstáculo; Te ordeno que te abras en el nombre de Jesús. Le hablo al enemigo; Declaró nula y sin efecto su asignación en el nombre del Señor Jesús.

Dios, habló de sanar la vida de tu pueblo. Cada dolencia subyacente que causa dolores de cabeza, te ordeno que pierdas el control. Señor, derrama el bálsamo de Galaad y envía sanación. Dios, te clamo en nombre de aquellos que sufren de dolores de cabeza por sinusitis, dolores de cabeza por estrés, migrañas, dolores de cabeza por presión alta; sean sanados en el nombre del Señor Jesús.

Tu palabra dice que nos sanarás y nos salvarás porque te alabamos. ¡Abro mi boca en alabanza a ti, Abba! pidiéndote que acepta mi elogio en nombre de aquellos que necesitan curación de los dolores de cabeza. Te damos las gracias por la restauración. Dios, te agradecemos de antemano porque tu bondad nunca falla.

Gracias por la curación divina de los dolores de cabeza. Gracias por hacernos completos. Y ES ASÍ EN EL NOMBRE DE JESÚS. ¡AMÉN!

Referencias bíblicas: Jeremías 17:14, 30:17

# Favor

ORACIÓN POR: CHERYLN OLIVER-McKAY

Padre Celestial, al acercarnos con valentía al trono de la gracia, ante todo, queremos agradecerte por la vida, la salud y la fuerza. Queremos agradecerle por despertarnos esta mañana, ¡y estamos orando por favor hoy! Señor Dios, este mundo necesita tu favor. Hay tanta gente que está pasando por situaciones difíciles en este momento. Oh Dios, hay tantas cosas que el diablo está tratando de hacernos aquí en la Tierra. Señor Dios, te pedimos que reprendas al diablo ahora mismo en el nombre de Jesús. Padre Celestial, dijiste en tu palabra que todo aquel que te encuentre encontrará su vida y obtendrá el favor del Señor. Te pedimos tu favor. También dijiste en tu palabra que la buena inteligencia da gracia, pero el camino del transgresor es duro. Señor Dios, no necesitamos que nuestra vida sea más difícil de lo que ya es. Te estamos pidiendo ahora mismo en el nombre de Jesús que nos ayudes con las cargas de la vida.

Dijiste en tu palabra que el hombre bueno muestra favor y presta, y él dirigirá sus asuntos con discreción. Señor Dios, por todos y cada uno de los que oran en secreto, conoces sus corazones y ellos saben que eres el único que puede hacer algo en sus vidas. Muchas personas buscan personas cuando deberían estar buscándote a ti. Vengo ahora mismo orando para que abran sus corazones y mentes a ti, Señor Dios, porque solo contigo podrán conocer la paz que superará el entendimiento, el favor y la sabiduría que solo tú puedes darles. Oro todas estas cosas en el nombre de Jesús. Amén.

Referencias bíblicas: Salmo 112:5; Proverbios 8:35; Filipenses 4:7

# Pandemias

ORACIÓN POR: ESTHER BURGESS

Padre Celestial, te damos gracias por otro día, sabiendo que cada día, vemos nuevas misericordias. Porque el mañana no está prometido a nadie, te damos gloria, honor y gracias a ti que vives por los siglos de los siglos. Agradecemos el aliento que respiramos, el aire, el viento que sopla y el intercambio que se produce para filtrar el aire. Señor, están sucediendo tantas cosas en la tierra. Hay muchas enfermedades de las que nunca hemos oído hablar que van en aumento, y la humanidad está perdiendo rápidamente el control de la vida tal como la conocemos. También hay enfermedades, pobreza, pestilencia, devastación, sangre en nuestras calles. Tenemos esta nueva pandemia de coronavirus que el mundo está experimentando . Debido a este virus, hay una intrusión en la esencia de nuestra respiración. Realmente no sabemos mucho al respecto, excepto el nombre dado. No está restringido y ha afectado a naciones, tanto ricos como pobres, jóvenes y mayores, e incluso trasciende culturas.

Señor, ten piedad de nosotros y sálvanos, porque tú eres nuestra ayuda y fuente de nuestra supervivencia. Señor, suplicó la sangre de Jesús contra este coronavirus y todo lo que viene con él. Oro para que todo viento contrario que lo impulse sea amainado. Limpia con sangre la atmósfera y filtra el aire, hazlo propicio a la vida para que podamos respirar. Oro para que mientras respiramos, nuestro sistema respiratorio esté filtrado y libre de partículas de este virus. Oro para que nuestras narices, gargantas y senos nasales estén libres de cada partícula extraña que se ve y que no se ve que viene a invadir y perturbar. Oh

Señor, ten piedad de nosotros, cuidanos y protegenos de esta invasión en el nombre de Jesús. Sé que nada es imposible para ti, así que mantenemos tu palabra, que aunque caminaremos

En el valle de sombra y de muerte, no temeremos mal alguno, porque tú estás con nosotros, tu vara y tu cayado me infundirán aliento. Oh Señor, oró para que la gente se vuelva a ti de esta pandemia, para que sanes nuestra tierra. Oro para que sepan que tu eres el único Dios vivo y verdadero, y que nos ha dado el aliento de vida. Oh Señor, escucha, oh Señor sana, oh Señor, salva en el nombre poderoso e incomparable de Jesús. Amén.

Referencia bíblica: Salmo 23:4

# Suicidio

ORACIÓN POR: THERESA BYRD

Padre nuestro que estás en los cielos, invoco tu santo nombre con la cabeza inclinada, los ojos cerrados y el corazón llorando. Muchos de sus hijos hoy en día intentan suicidarse como una salida. Cuando escucho esa palabra, envía escalofríos por mi columna vertebral. Es una situación aterradora con solo pensar en lo que eso significa. SEÑOR, por favor toca sus mentes y corazones hoy. Cúbrelos con tu sangre al salir, al entrar, al acostarse y al levantarse.

Este es un círculo vicioso que tiene lugar en todo el mundo. SEÑOR, sé que eres el único que puede detener esta locura. Todos ellos tienen diferentes motivos, pero la carga debe ser demasiado pesada para que cualquiera de ellos la soporte. Eres un Dios maravilloso que sabe todas las cosas. Oro por ellos y espero que les envíes el Consolador. Necesitan ser salvados. Señor, fortalece los muéstrales el camino. Por favor, los levantamos en esta oración, para tu gloria. Amén.

Referencia bíblica: Salmo 61: 1-2

# Lazos del alma

ORACIÓN POR: PASTOR SHAWN QUALLO

Padre, en el poderoso nombre de Jesús, vengo agradeciendo tu misericordia y tu gracia. Bendigo tu santo nombre; Señor, tú eres alto y sublime. Te exaltamos sobre todo nombre y te exaltamos por encima de toda situación. ¡Eres el portador de cargas y el levantador de cargas pesadas! Vengo ahora a reprender y soltar a tu pueblo de todo lazo de alma impía. Todo lo que atamos en la tierra, está atado en el cielo, y todo lo que desatamos en la tierra, está desatado en el cielo. Ahora mismo, atamos ahora cada lazo del alma y cada relación que se dio a conocer o se desconoció a través de actividades demoníacas. Cancelamos las obras de las tinieblas que mantienen a tu pueblo atado a todo pacto de espíritu inicuo. Destruimos las obras de las tinieblas y los lazos del alma demoníacos. Nuestra lucha no es contra sangre y carne, sino contra los gobernantes, contra las autoridades, contra los poderes de este mundo oscuro y contra las fuerzas espirituales del mal en los reinos celestiales. Cancelamos las obras de los lazos del alma demoníacos en el nombre de Jesús. Invocamos el fuego de Dios para destruir toda fortaleza malvada de raíz en el nombre de Jesús.

¡Señor, cada relación del pasado que no fue ordenada por ti, destruimos su memoria ahora mismo y desactivamos su poder! La sangre de Jesús baña nuestra mente, nuestro corazón, nuestra voluntad y nuestras emociones. Señor, tu nombre es una torre fuerte para que los justos corran y se mantengan a salvo. Soltamos y destruimos las cadenas que atan a su pueblo para mantenerlos alejados de su propósito divino y las relaciones de pacto ordenadas por Dios. No más retrasos ni contratiempos. Llamamos a los matrimonios del Reino para que se conviertan en una sola carne y no en un alma. Purifica corazones y mentes ahora, Señor. Haz que tu palabra sea una lámpara para nuestros pies y una luz para

nuestro camino que expondrá todas las trampas que el enemigo ha puesto ante tu pueblo. Cada lazo de alma malvada que se remonta a diez generaciones, destruimos esos contratos con fuego en el nombre de Jesús. Señor, abre nuestros ojos y danos una visión 20/20 en el reino espiritual para ver los trucos del enemigo avanzando. Te damos gracias porque los corazones ahora están sanados en el poderoso nombre de Jesús. Amén.

Referencias bíblicas: Mateo 18:18; Efesios 6:12; Génesis 2:24

# Nietos

ORACIÓN POR: JACQUELENE SCRUGGS

Señor, venimos ante ti agradeciéndote y alabándote por despertarnos todas las mañanas. Te agradecemos por mantenernos toda la noche. No tenías que hacerlo, pero te agradecemos que lo hagas. Señor, te agradecemos por ser tan bueno con nosotros. Venimos a ti con acción de gracias en nuestro corazón. Gracias por hacer una salida donde parece que no hay manera de salir. Gracias, Padre, por darnos nietos que es un placer tener. Te agradecemos por mantenerlos alejados de todo daño, daño y peligro visto y no visto. Gracias, Jesús, gloria aleluya. Mantenga a nuestros nietos seguros mientras viajan hacia y desde la escuela, y dondequiera que vayan. Señor, te damos gracias por todo lo que has hecho por ellos. Moldea a nuestros nietos con amor. Oramos para que los cubra con sus brazos de protección.

Señor, debemos enseñarles a nuestros nietos el camino correcto a seguir, porque si no lo hacemos, el mundo les mostrará todos los caminos equivocados. Hay tanta maldad en el mundo de hoy. Jesús, toca a nuestros nietos con el dedo de Dios. Se enfrentan a desafíos de la vida todos los días. Se enfrentan a la presión de los compañeros, el acoso y la discriminación. Necesitamos mantener a nuestros nietos elevados en oración ante ustedes. No podemos dejar de orar por ellos tan bien como oramos unos por otros. Señor, eres nuestro hacedor de caminos. Gracias por guiarnos. Gracias por no dejarnos ni desampararnos nunca, y por estar siempre con nosotros. Tú tienes el control. Señor, te damos gracias, gloria aleluya. Jesús, eres nuestra vida y nuestra salvación. Los nietos son una bendición y te agradecemos por lo que nos has dado. Señor, confiamos en ti para sus necesidades porque nada es imposible para ti. Te pedimos todas estas bendiciones en el nombre de Jesús. Amén.

Referencias bíblicas: Mateo 19:14; Proverbios 17:6

# Resentimiento

ORACIÓN POR: WENDYANN WILLIAMS

Querido Señor Jesús, nuestros corazones duelen por la injusticia que se nos presenta. Nuestros corazones se cansan. Nuestros pensamientos nos consumen. La ira y el resentimiento que sentimos por nuestros agresores no desaparecerán tan rápido como queremos. Se siente como una ola de la resaca del océano, arrastrándonos hacia abajo, más profundo y más rápido en esta cruel profundidad de amargura. El dolor es profundo, nos asfixia y envenena nuestro propio ser. ¿Cuánto tiempo tenemos que pasar por lo que parece una agonía de derrota? ¿Cuánto tiempo debemos llevar este dolor en nuestro corazón y luchar con nuestros pensamientos? ¿Hasta cuándo nuestros adversarios seguirán teniendo poder sobre nosotros? ¿Hasta cuándo las malas acciones y palabras del enemigo seguirán teniendo poder sobre nuestras mentes? A veces nos sentimos agotados y solos en esta situación, y el dolor simplemente no desaparece.

El resentimiento se ha levantado por dentro y una justa indignación junto con él. Esta justa ira se transforma en rigor mortis, paralizándonos. Nuestros corazones secretamente quieren venganza, y se libra una guerra dentro. Y aunque sabemos que guardar rencor puede sentirse bien, no hay recompensa porque el dolor aún se encuentra debajo de la superficie. Por lo tanto, Señor, como mi Ayudante, te ruego que nos guíes y cambies, a pesar de esta podrida situación. Ayúdanos a deshacernos de esta ira y resentimiento. Ayúdanos a ponerle una correa de entrenamiento. Guíanos por el poder de tu Espíritu Santo y cámbianos. Ayúdanos a confiar en tu amor inagotable para superar esto. Anímanos con tu palabra de sabiduría y muéstranos cómo afrontar esta situación.

Muéstranos cómo permanecer obedientes a su llamado. Por favor, consuelanos mientras esperamos pacientemente su curación. Llena nuestros corazones con acción de gracias para que tengamos la fe en tu paz que nunca falla.

Gracias por escuchar mi oración, por ser un Dios preocupado, un Padre amoroso en quien podemos confiar. Sé que no hay nada difícil o imposible de hacer para ti porque eres nuestro sanador, nuestro ayudante y nuestro restaurador de los pedazos rotos. No hay nada imposible que puedas hacer. Estoy muy agradecido de que comprendas nuestros problemas más profundos y te preocupes por cada área de esta vida. Te alabo y te levanto. Amén.

# Alegría

ORACIÓN POR: SHERRELL D. MIMS

Padre Celestial, al entrar en esta oración, te pedimos que nos perdones por cualquier falta de perdón, amargura, malicia, pecado y mala actitud en nuestro corazón para que nuestras oraciones sean escuchadas y contestadas. Padre Celestial, desde el norte, sur, este y oeste, nos reunimos en oración. De todas las regiones de la tierra, nos reunimos conmovidos y acordando traer de vuelta tu palabra a la memoria. Oh SEÑOR, te damos gracias porque tu palabra no vuelve a ti vacía y porque cumplirá lo que deseas.

Padre Celestial, te damos gracias por el gozo que nos das; ese gozo inexpresable en nuestros corazones que ningún hombre puede quitarnos. Se nos recuerda nuestro gozo a través de la Palabra a quien no hemos visto, pero aun amamos. En tu gloria, nos regocijamos con un gozo inexpresable. Jesús, eres el motivo de la sonrisa en nuestros rostros, la risa en nuestros corazones y el gozo y la felicidad que podemos seguir teniendo durante el día o la noche. Si tuviéramos diez mil lenguas, todavía no podríamos agradecerles lo suficiente. SEÑOR, fuiste a la cruz por todos nosotros para que pudiéramos tener amor, gozo, paz y felicidad. Nadie más que tú podría haber hecho esto. SEÑOR, por tu perfecto sacrificio por el mundo, declaramos que mostraremos el fruto del Espíritu. Ahora SEÑOR, sellamos esta oración en el todopoderoso, majestuoso y magnífico nombre de Jesucristo, sabiendo que nuestras oraciones han sido contestadas. ¡Aleluya! Amén, ¡y así sea!

Referencias bíblicas: Romanos 15:13; Isaías 55:11; Mateo 18:20; Salmo 118: 24; I Pedro 1: 8; Gálatas 5: 22-23

# Sabiduría

ORACIÓN POR: D.D. HOUSTON

Padre Celestial, hoy vengo a ti con el corazón y la mente abierta para orar para que tu pueblo adquiera tanta sabiduría como sea posible. Cuanta más sabiduría adquirimos, más abiertos estarán nuestros espíritus para recibir tus bendiciones. Te agradezco, querido Padre, por los amigos y familiares que nos han acompañado a lo largo de nuestros años formativos y nos han dado el conocimiento de sus experiencias para nuestro beneficio. Por favor envíe personas a nuestras vidas que nos animarán y nos motivarán a buscar esas bendiciones que nos esperan.

Oro para que la sabiduría que poseemos, y que esperamos recibir, sea impartida a otras personas con las que nos encontremos para que puedan usarla para su propio avance. Cuando no sabemos la respuesta a ciertos problemas de la vida, oro para que tu Espíritu nos lleve a la Biblia en busca de respuestas. Sé que no tenemos las respuestas a nuestras preguntas todo el tiempo, pero cuando hablamos contigo, nos levanta el ánimo. Nos alienta a aceptar esas preguntas sin respuesta mientras esperamos la respuesta del cielo en su tiempo. Amén.

# Acoso

ORACIÓN POR: JEAN THOMPSON

Padre fiel, me encanta cantarte alabanzas. Doy gracias por su amor, paz, alegría y felicidad. Sé que tu favor y tu gracia permanecerán para siempre. Señor, siempre te alabaré porque nos hiciste a todos temible y maravillosamente. Mientras me arrodillo en oración por el mundo, siento tal regocijo en mi corazón al conocer la gracia inagotable que nos das. Mi corazón, mi mente y mi alma descansan todo el día en las provisiones diarias que brindas no solo para mí y mis seres queridos, sino para el mundo entero,

y también por el dolor de las víctimas de los que son acosados. Dios, en tu gran poder, elimina todos los aspectos del acoso de la iglesia, el lugar de trabajo, las escuelas y nuestros hogares. Padre, necesitamos tu guía y protección en todo momento del día y de la noche Jesús, hay tanto dolor en el mundo. Estoy parado en la brecha por aquellos que están siendo acosados y por aquellos que hacen el acoso. Te pido en tu misericordioso nombre como nuestro Creador que nos ayudes ahora y nos relajes, incluso mientras dormimos. Te agradecemos porque podemos depender de tu palabra prometida de amarnos y protegernos. Sabemos que nunca nos dejará ni nos abandonará. Amén.

Referencias bíblicas: Salmo 139:14; Marcos 12:30-31; Lucas 6:27-31

# Fuerza de la mujer

ORACIÓN POR: LESLEY GEORGE

Padre, oro por la fuerza de las mujeres. Cuando nos sentimos deprimidos y preocupados por nuestra ubicación en el mundo, y cuando el mundo les da a las mujeres opiniones no solicitadas y no bienvenidas sobre quiénes se supone que somos en este mundo, oro para que nos lleves a un lugar de enfoque intencional en ti.

Señor, oro para que las mujeres, damas y niñas, sepan que nuestro futuro es tan brillante y lleno de propósito porque nuestro Dios nos hizo con un propósito intencional. Nuestros errores pasados nos dieron experiencia, y todavía estamos aquí debido a la fuerza inquebrantable que pusiste en nosotros. Oro para que las mujeres sepan cuán imparables somos porque tú nos ayudas a dar cada paso para seguir adelante. Señor, ayúdanos a recordar que somos más fuertes de lo que creemos.

Señor, creo en tu fuerza, y oro para que las mujeres crean en tu fuerza hasta que encontremos la nuestra. Creo en la fuerza de las mujeres porque sé cómo nos hiciste campeonas. Nos ayudaste a atravesar situaciones inimaginables que hubieran destrozado a otros. También nos permites experimentar cosas y tener testimonios para compartir con el mundo que podrían ser la curación de otra persona. ¡Una mujer que decide que no renunciará en el nombre de Jesús ya ha ganado! ¡Amén!

Referencia bíblica: Jeremías 29:11

# Niños discapacitado

ORACIÓN POR: PINKIE FARMER

Señor, gracias por los niños discapacitados pero valiosos a tu vista. Gracias por cuidarlos y buscar formas de ayudarlos. Les diste habilidades que aún no se han revelado. Ayúdalos a impulsar esas habilidades hasta que se puedan ver. Cualquiera sea el obstáculo, ayúdalos a tener éxito. Ayúdalos a sonreír mientras luchan por superar sus dificultades. Deje que su entorno sea pacífico, amoroso y lleno de gente cariñosa. Bendícelos con ánimo para que sigan avanzando. Padre, cuando la frustración invade sus cuerpos, ilumínalos con la sonrisa de tu rostro y tu paz. Levantalos en tu presencia. Déles el valor para intentarlo de nuevo mientras los sostienes. Deja que se vean a sí mismos a través de tus ojos y hazles saber tu bondad.

Padre, fortalece su capacidad de comprensión y muéstrales formas de hacer las cosas. Abra formas para que funcionen cuando parezca imposible. Guíalos a lugares donde puedan usar su mente y sus habilidades. Resplandece en ellos, oh Dios, cuando el nuevo día llegue, para que alcancen sus logros . En esos momentos cuando llegue la decepción, ayúdalos a seguir adelante. levántalos por encima de los obstáculos que enfrentan. Escucha sus clamores y respondeles pronto, oh Dios. Donde necesiten conocimiento y comprensión, dáselo a ellos. Tú eres su ayuda y fortaleza, oh Dios. Recuerde a sus padres y a todos los que ayudan a los niños. Dales la sabiduría, el conocimiento y la comprensión espiritual necesarios para cada situación. Gracias, oh Dios, por escuchar y responder esta oración en el nombre de Jesús. Amén.

# Amor

ORACIÓN POR: KEEVA DEDEWO

Señor, eres amor. Tú, Dios del cielo y la tierra, Creador de toda la humanidad, eres Aquel que formó las montañas, los ríos y los mares, y quien dio vida a la existencia. Desde el principio de los tiempos, demostró su amor por la humanidad. Realizaste el último acto de amor al enviar a tu hijo Jesucristo a la cruz para que muriera, fuera sepultado y resucitado de entre los muertos para dar vida eterna a todos los que creen en él. Continúa mostrándonos la magnitud de tu amor, cuán ancho, largo, alto y profundo se extiende, para que podamos ser llenos con la medida de tu plenitud. ¡Qué tan grande es tu amor! ¡Cuán maravilloso es nuestro Dios! Señor, gracias por ser el ejemplo de cómo debemos amarnos unos a otros aquí en la tierra.

Padre Dios, muéstranos a cada uno de nosotros cómo amar en nuestra vida diariamente y danos la fortaleza para ser fieles en nuestros esfuerzos. Enséñanos a ser pacientes y amables unos con otros en todo momento. Cuando nos sintamos celosos o estemos inclinados a elevarnos por encima de los demás, enséñanos la humildad para que no envidiamos, nos jactamos ni nos enorgullezcamos. Danos la fuerza para levantar a otros para que tú aumentes, mientras nosotros disminuimos. Evita que nos enojemos fácilmente y llénanos de gracia para que, incluso cuando nos hieran injustificadamente, no llevemos registro de nuestros errores. Derrama tu Espíritu de amor sobre cada uno de nosotros para que nos regocijemos en la verdad y no nos deleitamos en el mal. Señor, muéstranos cómo proteger siempre, confiar siempre, esperar siempre y perseverar... siempre. Reemplaza el odio en este mundo con tu amor.

Llénanos de tu amor.

Señor, guía a los que buscan el amor en este mundo. Dirigir primero para que al encontrarte, encuentren el verdadero amor que buscan. Devuelve la fe a los que están cansados y han abandonado el amor. Renueve la esperanza en aquellos que han amado y experimentado dolor, dolor y angustia en el proceso. Que tu amor dentro de nosotros continúe creciendo y floreciendo con cada día que pasa. Señor, gracias por tu amor. Amén.

# Alta presión

ORACIÓN POR: ZANDER ALLEN

Padre Celestial, vengo ante ti para pedirte que sanes a todas las personas con presión alta y les hagas saber la buena salud. Padre Dios, sé que eres un sanador y tu palabra nunca nos fallará, gloria a Dios. Es su voluntad que gocemos de buena salud. Nadie puede evitar que nos bendigas. Padre, eres increíble, eres misericordioso y no hay nada demasiado difícil para ti. Aleluya, padre, ayúdanos a comer los alimentos adecuados para mantenernos saludables. Reprendo la presión alta EN EL PODEROSO NOMBRE DE JESÚS. Padre Dios, tu hijo Jesucristo tomó todas nuestras debilidades y llevó nuestras enfermedades. Aleluya, gracias en el nombre de Jesús.

Dios Padre, sé que seremos completos. Siempre estás con nosotros, gloria a tu nombre. Es su voluntad que tengamos fuerza. Ponemos nuestra fe en ti. Sabemos que no nos fallará. Nos trajiste de muy lejos. Padre, te agradezco por nuestra sanidad. Sí Señor, reclamamos tu sanidad en el nombre de Jesús. No hay nadie como tú, padre. Eres tan maravilloso, eres tan grandioso, y cada día nos das novedad, gloria a Dios, aleluya. Sin tu misericordia de nosotros, no sabemos dónde estaríamos. Padre Dios, te agradezco por todas estas cosas que vine a pedirte en el poderoso nombre de Jesús. Amén. Amén y amén.

Referencia bíblica: Isaías 53:5

# Mamás deportistas profesionales

ORACIÓN POR: WANDA WRIGHT

Al Dios Altísimo, vengo con el corazón abierto y con fe. Te pido que vigilen a todas las mamás de la NBA y sus familias. Guía y proteja a todas las mamás Dios. Cuida a sus hijos para que mantengan la mirada en la meta, sean humildes y sean jugadores de equipo. Ten piedad de su salud y mantenlos fuera de peligro. Padre Dios, mantén tus brazos alrededor de ellos y bloquea a las personas que no tienen sus mejores intereses. Oh, sé que eres un Dios que perdona, pero lo ves todo y lo oyes todo. Creo en tu palabra y sé que funciona en tu tiempo, no en el nuestro. Padre Dios, te pido que vigiles a los que están en la NBA y a los que van camino a la NBA. Cúbrelas a ellas y a sus familias con tu armadura. Oro para que sus familias obtengan el conocimiento y la comprensión que viene de ti para mantenerlos alejados de toda negatividad. Coloca tu luz en ellos para que puedan brillar en las buenas y en las malas. Te pido estas cosas en tu nombre, Dios Padre. Amén.

# Fe

ORACIÓN POR: JESSICA FRANCOIS JOHNSON

¡Aleluya! ¡Gracias Jesús! Querido Dios, vengo a ti con tanta valentía y humildad como sé. Dios Padre, sabemos que la fe es un regalo tuyo y te agradecemos por ello. En tu palabra, dijiste que la fe es la certeza de lo que se espera y la evidencia de lo que no se ve. Oh Dios, confiamos y creemos en tu trabajo, incluso cuando no lo sentimos o no lo vemos. Nos dices en tu palabra que eres un Dios que no miente. Padre Dios, dijiste en tu palabra que el cielo y la tierra pasarán, pero tu palabra seguirá adelante para siempre. Donde sea que me falte, donde sea que falte tu pueblo, SEÑOR Dios, te pedimos que nos des el Espíritu de fe. Señor Jesús, te necesitamos más que nunca.

Señor, nos dices en la palabra de Dios que confiemos en ti. Confiamos en ti en todo lo que hacemos. Invoco tu nombre para tu pueblo que está por todo el mundo, oh Dios, para hablar con fe cosas que sabemos que aún no hemos visto. Creemos que sanarás la tierra, oh Dios, porque hay poder en el nombre de Jesús. Te agradecemos de antemano, oh Dios, por lo que estás haciendo y por lo que estás a punto de hacer en todas nuestras vidas. Señor Dios, te damos gracias por ser quien eres. Rezó esta oración por el pueblo de Dios. Decreto y declaro que es así en el nombre de Jesús. Amén.

Referencia bíblica: Proverbios 10:12-13

# Cáncer de colon

ORACIÓN POR: APOSTLE DINA HUBERT

Padre, primero quiero agradecerle por sanarme del cáncer de colon en etapa cuatro en el nombre de Jesús. Te doy toda la gloria, honor y alabanza por mostrarse poderoso y fuerte, pero Padre, ahora estoy en la brecha por los cientos de personas que han sido diagnosticadas con cáncer de colon. Oro para que sus corazones y mentes, Padre, no entren en pánico. Señor, envía tu consuelo y asegurarles que eres Jehová-Rapha, nuestro Sanador. Contigo, nada es imposible para los que creen, y nada, absolutamente nada, es demasiado difícil para ti. Padre, oro para que estés con ellos a través de un proceso que puede ser tan aterrador y abrumador. Oro para que esté con ellos durante sus operaciones. Oro para que les dé claridad a la hora de decidir si elegir quimioterapia, radiación o ambas. Señor, esté allí para cancelar las voces de miedo y el enemigo que les dice de su muerte inminente en el nombre de Jesús.

Oro para que estés con ellos cuando pierdan el cabello y les asegures cómo están hechos de manera maravillosa y maravillosa. Guíalos a los médicos adecuados que los educaran sobre todas las opciones que tienen para combatir esta terrible enfermedad en el nombre de Jesús. Señor, fortalece a sus seres queridos que tienen que soportar el proceso con ellos. Anime a las esposas y esposos a lidiar con sus propias emociones al mismo tiempo que deben apoyar a sus cónyuges que fueron diagnosticados. Oro para que fortalezcan a sus familias y amigos como sistemas de apoyo para cada paciente con cáncer de colon en el nombre de Jesús.

Oro para que la conciencia y la detección temprana se extiendan rápidamente.

Yo te puedo que las ayudes para que escuchen a sus cuerpos y se revisen cuando vean que su salud se deteriora. Oro para que las escuelas y las iglesias consideren necesario educar sobre los signos y síntomas del cáncer de colon en el nombre de Jesús. Oro para que guíe a tus servidoras a los hospitales y ministre a los pacientes con cáncer, asegurando que con sus llagas, ya están curadas. Oro para que su esperanza y amor se extienda a cada paciente que encuentran, algunos de los cuales no tienen familiares o amigos que los visiten. Te lo pido en el nombre de Jesús Amén!

# Relaciones

ORACIÓN POR: PASTOR RHONDA BOLDEN

Padre, en el nombre de Jesús, te pido tu amor sobrenatural de vivir, habitar e intervenir en todas las relaciones en la tierra. Que haya paz dentro de nuestros muros y prosperidad en nuestros palacios. Sin ti, oh Padre Dios, la vida no tiene sentido, así que oró para que te conviertas en el centro y la base de toda relación. ¡Que padres e hijos, madres e hijas, hermanas y hermanos, esposos y esposas, empleadores y empleados, compañeros de trabajo con compañeros de trabajo, pastores y miembros y cualquier otra relación se unan!

Que el fruto del Espíritu, la Regla de Oro, el afecto, el aprecio y el reconocimiento vivan y existan en la fibra diaria de cada matrimonio ahora en el nombre de Jesús. Hablamos en contra de la confusión, la condena, la terquedad, las discusiones, la rabia, la ira, la división, la falta de respeto, el abuso, el menosprecio, el estrés financiero, la falta de afecto o intimidad. Llamamos a todo matrimonio bendecido, feliz, saludable, rico, emocionante, lleno de amor, paz y gozo en el Espíritu Santo. ¡El verdadero aprecio y el agradecimiento están a la orden del día en cada hogar del país ahora!

Los compañeros de trabajo ya no se maltrataran y conspirarán unos contra otros, y los miembros de la familia ya no se hablarán entre sí debido a heridas pasadas. Declaramos, decretamos y aplicamos la sangre de Jesús para cubrir cada herida y cada dolor ahora en el nombre de Jesús. Padre, sana los corazones heridos ahora en el nombre de Jesús. ¡Ninguna arma formada contra estos seres amados prosperará jamás, porque tu Palabra dice que un reino donde las personas luchan entre sí terminará en la ruina y una familia que pelea se romperá! Ahora Padre Dios, gracias por esposos y esposas felices y celestiales, por hogares felices y celestiales, y por comunidades felices y celestiales en la tierra en el nombre poderoso y temible que está sobre todo nombre, Jesucristo nuestro Señor. ¡AMÉN!

Referencias bíblicas: Salmo 122:6; Lucas 11:17

# Dirección

ORACIÓN POR: ALLISON WILLIAMS

Querido Padre, venimos a ti en busca de dirección para nuestras vidas. Dios, este mundo en el que vivimos es complicado y, a veces, el camino que debemos tomar es difícil de recorrer, pero creemos que tienes un mayor significado y propósito para nuestra existencia. Estamos en tiempos peligrosos en los que la enfermedad y la división nos separan y ahora, más que nunca, nos sentimos perdidos. Así que acudimos a ti Dios en busca de orientación y dirección. Incluso mientras planificamos nuestro futuro, nuestro deseo es que nuestros planes se alineen con los suyos porque sabemos que tu sabes lo que es mejor para nosotros.

Elimina todos los obstáculos de nuestro camino, e incluso con el caos que se avecina a nuestro alrededor, ayúdanos a mantener nuestros corazones y mentes en ti. Ayúdanos a no mirar atrás y descansar en logros pasados o continuar reviviendo fracasos pasados que podrían frenarnos. Nos adviertes que nos olvidemos de nuestro pasado y que dejemos de repasar la historia antigua, y que, en cambio, estemos presentes y alerta a las cosas nuevas que estás a punto de hacer a través de nosotros. Ayúdanos a estar enfocados, listos y abiertos al movimiento de tu Espíritu.

Señor, nos damos cuenta de que aunque a menudo operamos en retrospectiva, tu visión es 20/20. Lo ve todo, lo sabe todo y desea llevarnos a una vida abundante y próspera si te confiamos nuestras metas. No podemos ver el panorama general y, a veces, nos ponemos límites a nosotros mismos y a ti, pero sé que eres un Dios ilimitado. Tienes nuestros planes trazados mucho antes de que fuéramos creados, así que seguimos adelante con fe sabiendo que estamos siendo guiadas por el Maestro y nuestros pasos están ordenados, incluso cuando no estamos completamente seguras de la ruta que estamos tomando. . Cuando estamos

inseguro, te pedimos que nos des paz. Cuando nos sentimos perdidas,endereza e ilumina nuestros caminos . Cuando todo lo que vemos son imposibilidades, abre nuestros ojos espirituales para que podamos enfocarnos en lo que prometiste hacer. Prometiste dirigir nuestro camino, darnos fuerza para soportar las dificultades y abrir un camino donde no hay camino. Ayúdanos a confiar en tu fuerza y no solo en la nuestra. Ayúdanos a confiar en tu sabiduría y no solo en nuestro entendimiento. Amén.

Referencia bíblica: Isaías 43:18-19

# Encarcelado injustamente

ORACIÓN POR: PASTOR RACHELE A. DIXIE

Señor Dios, Dador de misericordia y esperanza, oramos ahora por tu gran poder que mires a todos los que han sido encarcelados injustamente. Padre, te pedimos que los cubras con tu gracia y los llenes con tu esperanza. Cambie sus mentalidades y la mentalidad de quienes los rodean. Para aquellos que sienten que han perdido la vida, bríndales un sentido de propósito más allá de sus circunstancias actuales. Bríndales apoyo y recursos que los ayudarán a liberarse de las preocupaciones de esta vida y les darán una vida mejor a través de sus testimonios. Si creen en sus mentes que no hay salida, Dios te pedimos que abras puertas visibles e invisibles. Traiga situaciones y personas a su vista para animarlos a tener esperanza y no conformarse con sus circunstancias. Muéstrales un lugar cómodo. Muéstrales que hay algo más allá de donde están hoy.

Renunciamos a este ciclo de ceguera del sistema de justicia penal que permite que estas situaciones injustas ocurran en nuestras ciudades y nuestras comunidades. Te pedimos que se levanten hombres y mujeres que sean la voz de los acusados y condenados injustamente. Te pedimos que liberes los recursos que se han retenido. Toque los corazones de aquellos que tienen más que suficiente para que puedan verse obligados a dar de su abundancia y hablar por aquellos que no tienen voz. Forme nuevas conexiones que serán trampolines para aquellos atrapados en esta situación. Libera a las personas del miedo que las tiene atadas y les hace creer que no conocerán una vida mejor que la que tienen.

Señor, rompe este ciclo en el nombre y por la sangre de Jesucristo. Creemos en ti por la innovación y los medios por los cuales estos hombres y mujeres verán la liberación y encontrarán una nueva vida. Devuelve la esperanza a los desesperados y ayuda a los desamparados, porque tú, Señor, eres grande. Proporcione TODO lo que se necesita a los encarcelados injustamente para que tengan nueva vida en el nombre de Jesús. Amén.

# Pobreza

ORACIÓN POR: JUANITA WALTERS

Padre, oro para que tu pueblo, a quien has elegido desde el principio de los tiempos, comprenda que eres Jehová Jireh. Oro para que te pongamos primero en todas las cosas y te permitamos ser el epicentro de todo lo que hacemos. Ayúdanos a buscar tu sabiduría y discernimiento a medida que nos adaptamos económicamente y caminamos en medio del desbordamiento. Tú eres nuestro proveedor y satisfaces todas las necesidades espirituales, emocionales, físicas y financieras de cada creyente. Tu palabra nos dice que cubrirás todas nuestras necesidades de acuerdo con las riquezas de tu gloria en Cristo Jesús. Tú eres nuestro pastor y nada nos faltará. Tú eres el pozo que nunca se seca, por lo tanto, entendemos que la falta no será nuestra porción. Tú eres nuestra fuente y seremos buenos administradores de todo lo que pongas en nuestras manos. Diezmaremos y vertiremos en sus almacenes.

Padre, ayúdanos a ser buenos administradores de nuestros dones, talentos, recursos y finanzas. Ayúdanos a entender que lo poco se convierte en mucho en las manos de nuestro Padre, por eso, ponemos toda nuestra esperanza y confianza en ti. Oro para que entendamos el poder de sembrar en buena tierra en la temporada correcta. La pobreza no será nuestra porción. Crearemos riqueza generacional y legados para las generaciones futuras. Caminaremos en obediencia a tu palabra. Padre, ¡forma nuestras bocas para hablar de la abundancia en existencia! ¡Gracias por bendecir las obras de nuestras manos para que podamos caminar en abundancia y para que tú seas glorificado!

Referencias bíblicas: Mateo 6:33; Proverbios 28:27, 3:9-10; Salmo 24:1; Mateo 25:2

# Temor

ORACIÓN POR: LINDA M. JOHNSON

Querido Dios, oro contra el espíritu del miedo No más miedo a la oscuridad
No te preocupes más, porque todos nuestros problemas han terminado
No más noches de insomnio de depredadores, abusadores de niños, violadores; los hombres agresivos están lejos de nosotros

Querido Dios, oro contra el espíritu de miedo
No más miedo a hablar y hablar
No más sufrimiento de nuestras vidas pasadas de abuso sexual
No más noches de insomnio de pesadillas que nos despiertan aterrorizados por las amenazas porque revelamos lo que nuestros abusadores nos hicieron

Querido Dios, oro contra el espíritu de miedo porque sabemos que el miedo no viene de ti. Es una herramienta que usa el enemigo para evitar que avancemos hacia el destino que tienes para nosotros. Somos más que conquistadores, el miedo no tiene cabida en nuestras vidas. El miedo tiene que irse, declaró que un espíritu valiente se levantará en todos nosotros. Temor no eres bienvenido aquí, no tienes poder. Temor estás bajo la autoridad del Dios todopoderoso. Actuaremos con denuedo, porque sabemos que ningún arma que se forme contra nosotros prosperará jamás.
Que así sea en el nombre de Dios.

Padre, elimina los miedos para que podamos ir tras nuestros sueños, para que podamos perdonar a los que nos lastiman, para que podamos mostrar a nuestra familia e hijos que con tu ayuda el miedo no puede evitar que tengamos éxito en la vida. Sé que tienes nuestras mejores intenciones en mente. Te alabamos porque sabemos que el miedo ya no nos impedirá alcanzar nuestras metas. Amen!

# Asma

ORACIÓN POR: DAWN HILL

Dios Padre, hoy me presento ante ti como uno de tus devotos siervos, intercediendo en nombre de tu pueblo mientras luchan contra el asma y otras afecciones respiratorias. Dios, te pido que les des vida y fuerza a sus pulmones. Fortalece sus cuerpos para que puedan seguir adorándote y difundiendo tu buena palabra. Ayude a aquellos que luchan por pasar el día con tos y dolores y todos los problemas que causa el asma. Te pedimos que te pongas de pie para ese niño en la clase de gimnasia que quiere poder jugar como sus compañeros de clase. Te pedimos que te pongas de pie con esa esposa que no puede hacer sus mandados sin tener dificultad para respirar. Ayude a aquellos cuyos sueños están restringidos por este obstáculo. Dios, por favor toca sus cuerpos. Si hay algún pecado o maldad que estén cometiendo a sabiendas o sin saberlo, por favor enséñeles y guíelos.

Padre, ayúdalos a darse cuenta de que tu eres el único verdadero Doctor, y que tu voluntad es que creamos y confiemos en todas tus decisiones. Permítales usar esta condición como testimonio para atraer a otros hacia ti. Ayúdalos a darse cuenta de que no los has dejado de lado, sino que los has elegido como discípulos para seguirte. Padre Dios, muéstrales que hay alabanza, bendiciones y gloria en este camino en el que tus hijos pueden tener algo de lucha y dolor. Fortalece no solo sus pulmones, sino también su espíritu. Señor, ayúdanos a ser firmes en tu palabra y a encontrar consuelo en ti. Te pido que por favor aclaren sus mentes de todos los malos pensamientos que puedan tener. Muéstrales que estamos hechos a tu imagen y para tu gloria. Padre, te agradecemos por lo que ya hiciste, y te agradecemos de antemano por todo lo que vas a hacer en nuestras vidas en el nombre de Jesús. ¡Amén!

Referencia bíblica: Génesis 1:26

# Doctores

ORACIÓN POR: DESRENE OGILVIE

Mi Padre Dios celestial, hoy estamos en la brecha en nombre de los que están a la vanguardia en el campo de la medicina. Jesús, a lo largo de varios siglos y culturas, tú nos ha bendecido con médicos que pasaron largos y tediosos años aprendiendo cómo promover, mantener y restaurar nuestra salud. Les dio el don de aprender a diagnosticar y tratar enfermedades, lesiones, y discapacidades. Padre Dios, estos sanadores terrenales tomaron el juramento hipocrático sagrado ante ti de estudiar la salud y promover una vida saludable. Padre, hicieron el voto ante ti, el Gran Médico más santo y muy estimado, quien les otorgó conocimiento, sabiduría y comprensión para ayudar a tu mayor creación a vivir vidas más largas y saludables con calidad. Dios, mientras levantamos a estos hombres y mujeres dispersos por la tierra, oramos para que traten a sus pacientes de la mejor manera posible.

Oramos para que brinden una buena atención médica, modales compasivos al lado de la cama y preserven el derecho a la privacidad de sus pacientes. Oramos para que usted anime y fortalezca sus corazones día a día para que sepan que están haciendo un gran trabajo y sepan que están cumpliendo con su propósito especial y su destino de contribuir al mejoramiento de la humanidad. Dios, oramos para que los estudiantes de medicina, los residentes y los pasantes retengan el conocimiento y las habilidades necesarias que se les están enseñando para avanzar a la próxima generación de médicos. Padre, te pedimos que pongas tu "poder" en los dones naturales de los médicos experimentados para compartir su experiencia y sabiduría con respecto a la salud y plenitud para esta asombrosa creación que formaste del polvo de la tierra. Amén.

Referencia bíblica: Lucas 5:3

# Mentalidad

ORACIÓN POR: KENDRA RENEE' MANIGAULT

Querido Padre Celestial, en momentos como estos, debemos tener una mente sana. Necesitamos la renovación de la mente. Oro, y recitamos, las escrituras sobre nuestras vidas para que tú recibas la gloria. Dios, te pido que cubras nuestras mentes para estar sanos y para adorarte todos los días de nuestra vida. ¡Ayúdanos a mantener nuestra mente puesta en ti! Mantén nuestra mente pura y limpia para tu gloria. Oro para que proteja nuestras mentes mientras nos ponemos el casco de la salvación.

Señor, mantén nuestra mente enfocada en las cosas de Dios. Bendice nuestras mentes para lograr todos los dones ministeriales y espirituales que nos has dado para hacer. Enfocamos nuestros pensamientos para no distraernos con las preocupaciones de este mundo. Empodera nuestras mentes para avanzar en el destino y el propósito.

Cubre nuestras mentes, Señor, para obedecer tu voluntad y tu camino. Sea nuestra mente la misma mente que estaba en Cristo Jesús. Ayúdanos a mantener nuestra mente fija en Jesús y el Espíritu Santo. No queremos confusión en nuestras mentes, porque un hombre de doble ánimo es inestable en todos sus caminos. Señor, te damos gracias por cubrir nuestras mentes. Amén, y así será en el nombre de Jesús.

Referencias bíblicas: Isaías 26:3; Romanos 12:2; Efesios 6:17; Filipenses 2:5, 4:13; 2 Timoteo 1:7; Santiago 1:8

# Drogadicción
ORACIÓN POR: CELESTINE CISSE

Padre, en el nombre de Jesús, extiende tu mano desde arriba para rescatar y liberar a todo adicto a las drogas de las grandes aguas desbordadas. Sálvalos de las manos de todo espíritu farmacéutico que aflige y subvierte mentalmente a tu gente. Está escrito en tu palabra que viniste a salvar a los perdidos. Señor, quieres que todos los hombres se salven y conozcan tu verdad divina. En el nombre de Jesús, derrama tu misericordia y amor sobre tu pueblo. Libérelos de la terrible esclavitud en la que están siendo retenidos por el poder de las tinieblas. Ordenamos a estos espíritus malvados, perturbadores y adictivos de las drogas que vayan en el nombre de Jesús. Soltamos la opresión demoníaca, la esclavitud, la brujería y los cultos; los denunciamos en el nombre de Jesús. Tú eres el SEÑOR que nos sacaste de la tierra de Egipto para que ya no seamos sus siervos. Rompiste las ataduras de todo yugo para que podamos caminar rectamente ante ti. Dejemos que esta escritura se cumpla hoy en nuestras vidas. Sea la rectitud en el nombre de Jesús.

Padre, en el nombre de Jesús y de acuerdo con tu palabra, por la presente creemos en nuestro corazón y hablamos con nuestra boca para que lleguen a conocer a Jesús como el Señor de sus vidas. Oramos para que confiesen que están libres y liberados del alcohol y las drogas a partir de este día en el nombre de Jesús. Satanás ya no puede acosar ni manipular pensamientos impuros o hábitos de adicción en sus mentes, voluntades y emociones hoy en día en el nombre de Jesús. No serán esclavos de nada que se exalte sobre la Palabra de Dios, ni volverán a ser sometidos a su poder en el nombre de Jesús. Son fuertes en el Señor para sacar la fuerza que les permita vivir libres de la esclavitud de adicción hoy en el nombre de Jesús. Como un acto de su voluntad y fe, permítales ahora recibir la libertad total y completa de sus adicciones. Que sean libres y liberados hoy, porque invocaron el nombre del Señor conforme a lo que está escrito en tu palabra. Te doy gracias Señor, y. Te alabo porque ahora están sanos y redimidos de toda obra maligna de adicción. Amén.

Referencias bíblicas: Levítico 26:13; Salmos 50:15

# Transición

ORACIÓN POR: SHARON FRANK

Querido Señor, ¡bendito sea tu nombre! Te adoro porque toda la creación debe alabarte, ¡porque tú eres el Señor! Desde el principio de los tiempos, la creación ha sido llamada a estar en armonía contigo. En esta temporada de transición, oro para que estemos en armonía y paz contigo. Cuando las tormentas de la vida se acerquen a nosotros, declaró que nos mantendremos fuertes porque lucharás por nosotros. No nos dejarás ni nos desamparara. La vida a menudo puede ser abrumadora cuando el entorno que nos rodea cambia, pero oró para que no respondamos como lo hicieron los discípulos en el barco durante la tormenta. Durante la transición, oro para que nuestra primera respuesta no sea "Maestro, ¿no te preocupes por nosotros?", sino más bien, "Maestro, ¡no temeremos porque estás con nosotros!" Declaro que nuestra paz permanece quieta durante las transiciones de la vida.

Así como los discípulos estaban asombrados por tu autoridad en ese momento, nos reconforta saber que tú reinas por los siglos de los siglos. Incluso en tiempos de transición, tú reinas. Los nuevos comienzos pueden ser un pensamiento aterrador. Los nuevos territorios pueden ser lugares incómodos. La incertidumbre a menudo puede dejar lugar a dudas, pero oramos contra estas cosas en el nombre de Jesús. Decidimos reconocer que eres el Dios que tiene el control de todas las cosas. Estás en los cielos; reinas como Rey de toda la tierra y haces lo que quieres. Mientras reflexionamos sobre los muchos cambios que hemos experimentado en la vida, lo único que queda es tu. Señor, tú permaneces para siempre. ¡Tu trono es de generación en generación! En tiempos de transición, oro para que nos aferramos a tu Palabra porque el cielo y la tierra pasarán, ¡pero tu Palabra no! Tu palabra permanecerá para siempre, así que deja que tu Palabra continúe para equiparnos y su Espíritu continúa hablándonos. Continuaremos viviendo por su Espíritu para que podamos ser guiados continuamente por su Espíritu a través de períodos de transición. Santo Dios, por favor continúa guiándonos y acompáñanos para que podamos hacer frente y ser fortalecidos durante este tiempo de cambios significativos. Gracias Señor. Amén.

Referencias bíblicas: Salmo 150: 6, 47: 7, 115: 3; Éxodo 14:14, 15:18; Hebreos 13: 5; Marcos 4: 37-39; Lamentaciones 5:19; Mateo 24:35; Gálatas 5:25

# Perseverancia

ORACIÓN POR: VIDA WILLIAMS

Padre, refresca nuestras mentes y almas, nuestra fuerza y nuestra fe en ti. Ayúdanos, Señor, a orar con tu perfecta voluntad en mente. Enséñanos algunas de las diferentes formas de invitarte en todo lo que decimos y hacemos. Debemos aprender a no rendirnos a pesar de que el camino se pone difícil y lleno de baches. Muéstranos cómo usar tu palabra como guía. Debemos aprender a usar nuestras decepciones y fracasos como herramientas de aprendizaje, como nos enseñó a hacer. Dios, estamos en deuda contigo por darnos el regalo de tu único Hijo Jesús. Jesús es nuestro gozo y consolador. A través de nuestras obras y hechos en la vida diaria, podemos convertirnos en verdaderos discípulos para tu reino. Dios, sabemos que caminas ante nosotros en medio de nuestro severo dolor y sufrimiento. Dijiste que nunca nos dejarás ni nos abandonarás. Debemos descansar en tu palabra. Debemos estar agradecidos contigo. Señor, te pedimos que tengas paciencia con nosotros mientras nos guías día a día. A veces nos cansamos y queremos tomar el asunto en nuestras propias manos. Debemos aprender a apoyarnos en ti y demorarnos un poco más. Te entregamos nuestras oraciones y ahí las dejamos.

Padre, te pedimos por su ayuda con nuestro proceso de tomar decisiones. Recuérdanos que vayamos a ti primero. Cuando nos asustamos, danos paz en su presencia. No solo debemos apoyarnos en ti sino que a veces queremos caer en tus brazos. A veces queremos orar y no sabemos qué decir. Dios, te conocemos porque conoces nuestros corazones y mentes. Eres nuestro todo en todas las cosas. En momentos como estos, es muy fácil para nosotros rendirnos. Danos la voluntad de perseverar porque te necesitamos cada día más. Padre celestial, gracias. Amén.

# Enojo

ORACIÓN POR: APOSTLE LYDIA WOODSON-SLOLEY

Padre, venimos humildemente ante tu trono de gracia, pidiendo perdón. Sabemos que la vida ofrece muchos desafíos y le pedimos que nos ayude a adaptarnos a nuestras condiciones actuales y a mantener nuestro corazón libre de ira. Deja que tu abundante gracia nos alcance. Haznos reconocer y recibir el poder de tu gracia para permanecer emocionalmente estables en medio de nuestras circunstancias. SEÑOR, es difícil aceptar la realidad del cambio, así como aceptar la verdad cuando las cosas llegan a su fin, incluso en la muerte, pero de acuerdo con SU SANTA PALABRA, podemos elegir encontrar nuestro lugar de descanso en la soberanía de la voluntad perfecta.

SEÑOR, ayúdanos a capturar la realidad sobrenatural de la ira y rehusar que descanse en nuestro pecho. No queremos que se nos reconozca como tontos ante sus ojos o ante los ojos de los demás. SEÑOR, no queremos vivir arrepentidos o desesperados. Queremos caminar enamorados. Por eso, elevamos nuestro corazón a ti y te pedimos que nos laves con la sangre del Cordero. Límpianos de toda maldad en el incomparable nombre de JESÚS. Amén.

Referencia bíblica: Eclesiastés 7:8-10

# Personas solteras

ORACIÓN POR: NINA D. BROWN

Oh Señor, reúne nuestras almas y llévanos al altar para decir nuestras verdades y expresar nuestros miedos mientras compartimos nuestro dolor y los deseos desconocidos de nuestro corazón.

¿Escuchas nuestros corazones luchando con el dolor de nuestro pasado? mientras nuestros sueños se hacen eco de la realidad de nuestras decisiones fallidas? Por favor, no permitas que las presiones de este mundo triunfen sobre nosotros mientras nos apresuramos a encontrar nuestro propósito durante este proceso de identificación.

Señor, ilumínanos y concédenos fuerza según el deseo de tu corazón. Guía nuestros pasos mientras caminamos por nuestros pensamientos para comprender el gozo y la alegría que nos espera en nuestro asiento para uno.

Oh Señor, mientras entregamos nuestros corazones y los ponemos en tus manos, descansaremos en ti mientras eliminas todo rastro de nuestro pasado; nuestro dolor, decepciones, arrepentimientos, abandonos, rechazos, desamores y mentiras que silencian los testimonios de nuestro sufrimiento. Por favor, perdone nuestras voces que revelan nuestro quebrantamiento no resuelto.

Concédenos la fuerza para esperar tus instrucciones porque es una lucha mantener la coherencia en este espacio incómodo. Diariamente buscamos tu rostro mientras nuestras almas se mueven para humillar nuestra carne a pesar de las demandas de la verdad para justificar nuestra posición.

Cubre nuestros corazones, guía nuestras lenguas mientras fortaleces nuestra fe y nos das gracia para perseverar. Sin entender tu tiempo, nos inclinamos en sumisión mientras nos cubre con su amabilidad. Señor, ordena nuestros pasos. Te damos nuestra confianza mientras esperamos en nuestra mesa por uno. Porque estamos seguros de que mientras te esperamos, nos concederás tus deseos y los de nuestro corazón. Amén.

Referencia bíblica: 2 Tesalonicenses 3:16

# Abuso sexual infantil

ORACIÓN POR: KANDRA ALBURY

Padre, en el nombre de Jesús, gracias por el espíritu del valiente conquistador del abuso sexual infantil. A pesar del profundo dolor que ha sufrido, todavía está de pie. Hablo a todo los lugares de su vida que han sido violadas. Padre, oro contra los sentimientos perpetuos de culpa, vergüenza y culpa propia. Ato esos sentimientos ahora mismo en el incomparable nombre de Jesús. Pierdo una nueva sensación de paz, libertad, integridad y valentía.

La pregunta de "¿Por qué?" ya no atormentará su mente. Decreto que ella ocupará el lugar de la plenitud. ¡Declaro que incluso el abuso pasado le beneficiará a ella y a tu gloria en el poderoso nombre de Jesús! La pesadez del secreto ya no existe. Incluso en este trauma, Dios, cumplirás tu promesa de sanidad. ¡Lo estoy esperando y así es! La depresión y la tristeza dejarán de existir. Decreto y declaro que ella no pondrá una excusa para amargarse y sabotear sus bendiciones. Dios Padre, no permitas que su pasado la atormenta porque es libre en el poderoso nombre de Jesús. ¡Tú eres Jehová-Rapha, el Dios que sana, y creemos que es así!

Padre Dios, que sanes a esta conquistadora para que se convierta en una embajadora de cambio, coraje y esperanza para otros que experimentaron las cicatrices físicas, mentales y emocionales del abuso sexual infantil. ¡Que a su debido tiempo, sea inducida a testificar de su curación y liberación! Que surjan conquistadores en cada nación para exponer el abuso sexual infantil y hacer justicia.

Nosotras somos agentes de cambio diseñados para cambiar el paradigma del quebrantamiento a la integridad en el poderoso nombre de Jesús.

El abuso sexual es un ataque del enemigo diseñado para robar nuestras identidades de nacimiento y crear males sociales como el embarazo en la adolescencia, las adicciones y la promiscuidad sexual. Tú nos creaste para prosperar y gozar de buena salud, al igual que nuestras almas prosperan. Que la curación mental y emocional sea la porción de esa conquistador. Que se levante de las cenizas de su pasado y camine con valentía hacia su destino como una nueva creación en Cristo. Permite que su vida sea un cuadro de belleza y santidad. Envía pensamientos pervertidos sobre su autoestima al abismo, para nunca regresar. Enséñele a amar y a confiar. Que ella también perdone a su depredador y a otros responsables de su dolor en el poderoso nombre de Jesús, oramos. Amén.

Referencias bíblicas: Isaías 61:1-3; Romanos 8:28; Jeremías 29:11; 3 Juan 1:2

Esta oración aparece en la edición del octavo aniversario de las memorias de Kandra Albury "From Food Stamps to Favor

# Salvación

ORACIÓN POR: BILLIE OGLESBY

Padre, en el nombre de Jesús, oramos por tu llamado a la salvación para cada hombre, mujer y niño en los rincones más lejanos de la tierra. Oramos para que tengan el corazón abierto para recibirte como su Señor y Salvador. Declaramos que el conocimiento de la verdad se convertiría en una realidad para ellos y que sabrían el precio que pagaste para que todos tengamos la vida eterna. Padre, confiamos en que alcanzarás los corazones y las mentes de aquellos que nunca oyeron de tu divino poder salvador, que se les quitarán las escamas de los ojos y que la sangre aplicada de Jesús irá más allá de sus mentes hasta lo más profundo de sus corazones.

Oramos para que nadie esté fuera de tu alcance. Declaramos que la gente que comparte las buenas nuevas está llena de compasión, misericordia y su amor sin fin. Padre, sabrán que sus pasos están ordenados. Ya no serán engañados y cautivos por las preocupaciones de este mundo. Te damos gracias por el Espíritu de verdad y sabiduría que te revelará quién eres como nuestro Salvador. En el nombre de Jesús, el evangelio sin adulterar será compartido de una manera que no podrán abstenerse de su intervención divina. Despertarán a la justicia y servirán al Rey de reyes y al Señor de señores. Gracias por cubrirlos con la sangre de Jesús para que no se cansen. Ellos despertarán a tu justicia para servir al Dios vivo y verdadero y experimentarán tu gracia sostenible.

Decretamos que eres el Señor de la mies que pone a los trabajadores en el camino de las almas perdidas. Tu palabra dice que volverán a sus sentidos y escaparan de la trampa del diablo que los mantuvo cautivos para hacer su voluntad. Señor, hablamos diseño divino para cada alma. Su mandato dado por Dios se cumplirá porque la salvación le pertenece. Señor, no seremos olvidadizos. Seremos motivadores intencionales y diligentes cuando se nos pida que compartamos las buenas nuevas de salvación. De cierto Padre, tu palabra dice que por tu gracia somos salvos por la fe; no es de nosotros mismos, pero es un regalo de parte de ti. Señor, te damos gracias por ser vasijas de tu reino y por estar dispuesto y disponible para hacer tu voluntad. Estamos muy agradecidos por el arma poderosa de la oración en el nombre de Jesús, ¡aleluya! Amén.

Referencia bíblica: Efesios 2: 8

# Confianza

ORACIÓN POR: PATRICIA ETHEAH

Aleluya, alabamos tu nombre porque tu nombre es una torre alta. Señor, te amamos. Eres el principio y el final. Tú eres nuestro Abba, nuestro Padre, nuestro todo en todo y nuestro todo. Siempre mantendremos nuestros caminos ante ti. Señor, ayúdanos a confiar, apoyarnos, y tener esperanza en ti. Dios, eres nuestro refugio en tiempos de necesidad. Te damos gracias Señor, porque miramos hacia las colinas de donde viene nuestra ayuda. Nuestra ayuda viene del Señor, y sin ti, no podemos hacer nada bueno. Ayuda Señor, te clamamos por dirección. Queremos más de ti y menos de nosotros mismos. Señor, muéstranos cómo podemos confiar y creer en tu palabra. Señor, cuando meditamos en tu palabra, nos consuela. Nos aferramos a ti para poder vencer a través de ti. Dios, tenemos confianza en ti para esperarte. Te presentarás por nosotros. Ya sea que su respuesta sea sí o no, responderá.

Señor, gracias por aceptar nuestras súplicas. Gracias por amarnos, cuidarnos y librarnos cuando lo hizo. Te amamos por las promesas que nos hiciste de confiar, permanecer firmes, seguir adelante y realizar lo que sabemos que no tenemos fuerzas para hacer. Es por tu palabra que confiamos en que podemos hacer todas las cosas mediante la fuerza del Señor. Nada es imposible contigo. Nuestro Padre no nos negará nada bueno ni nos abandonará porque nos amas. Diste a tu Hijo para que podamos tener la vida eterna. Experimentamos y confiamos en tu amor trabajando en nosotros y a través de nosotros. En el nombre de Jesús, te damos gracias por hoy. Es un nuevo día y nuestra esperanza aumenta gracias a nuestra confianza en ti. Podemos decir que vienen días mejores. Aleluya, alabado sea tu santo nombre. Señor, enséñanos tus caminos. Cedemos nuestra voluntad a la tuya. Disminuimos para que puedas aumentar en nosotros. Gracias Señor, por permitirnos aprender a confiar en ti a través de tu palabra. Por la fe caminaremos y también confiaremos en tu palabra. Amén.

Referencias bíblicas: Job 13:15; Salmo 62:8; 125:1, 37:3, 143:8; Isaías 26:4; 2 Corintios 1:9; Isaías 50:10; Proverbios 3:5

# Abandono
ORACIÓN POR: GLORIA FONDJO

Padre, a menudo nos preguntamos, pensando que estamos solos. Cuando la vida se pone difícil, tendemos a pensar que estamos solos. Vagamos por las calles vacías y lloramos con todo el corazón. Buscamos el amor y la atención de las personas para sentirnos valiosos en este mundo. Nos perdemos entre los likes, los hashtags y toda la vanidad que nos rodea. Padre, tu palabra lo dice todo. Nunca estamos solos. Ni un minuto, ni un segundo pasa sin que estés a nuestro lado. Somos valiosos. Somos importantes. Somos suficientes. Abba padre, ayúdanos a recordar que nunca estaremos sin ti. Ayúdanos a recordar que estás con nosotros y dentro de nosotros. Te invitamos a que vuelva a ocupar tu lugar en nuestras vidas. Es posible que nos hayamos alejado de ti y nos sentimos perdidos en este momento, pero te gritamos.

Oh Padre, vuelve a ocupar tu lugar en nuestras vidas. Te invitamos nuevamente a ser el Amo de nuestras vidas para que incluso si la familia y los amigos nos dan la espalda, nunca nos sintamos solos. Estamos en ti y tú estás en nosotros. Incluso cuando la vida se ponga difícil, siempre recordaremos que no me has abandonado y nunca me abandonarás. Diste a tu único Hijo para que muriera en la cruz por nosotros. Creemos y declaramos que ningún arma forjada contra nosotros prosperará. Estás luchando continuamente en batallas invisibles por nosotros. Padre, el mundo puede abandonarnos pero mientras te tengamos, descansaremos en paz. En el nombre de Jesús oramos, amén.
Referencia bíblica: Isaías 49: 15-16

# Presidente de los Estados Unidost

ORACIÓN POR: APOSTLE MARTHA GREEN

Padre Celestial, te damos gracias por este día que hiciste. Oh Señor, levanta al presidente y mantenlo a salvo de todo daño. Oramos para que él dirija a la gente de la manera que tú quieres que él dirija. Mantenlo en perfecta paz y mantén su mente fija en ti. Te damos gracias por la gracia y la misericordia que se le han otorgado. Guíalo por el camino de la justicia y protégelo de todo daño y peligro mientras viaja de un lado a otro. Amén.

Padre viste al presidente con la sabiduría que viene de arriba. No es fácil velar por una nación, seas sus ojos y sus oídos. Cuida sus pasos, ayúdalo a tomar decisiones que traerán beneficios y bendiciones a la nación y no división. Hablamos en contra de la división contra la guerra, contra las malas intenciones de destruir al presidente y su familia. Que Dios bendiga a América. Vas delante de nosotros preparando la victoria.
Amen!

# Demencia

ORACIÓN POR: ANTIONETTE LESLIE-HOLLAND

Querido Padre Celestial, vengo a ti en el nombre de Jesús. Padre, muchos de sus hijos padecen de demencia. Roba sus preciosos recuerdos. Afecta sus habilidades de pensamiento y habilidades para realizar las actividades diarias. Aunque el hombre dice que no hay cura, Señor, sabemos que haces lo imposible ... posible. Nos guiamos por tu Palabra de que todo es posible para Dios. Señor, sabes lo difícil que puede ser para nosotros ver a miembros de la familia que no recuerdan cómo hacer cosas simples y no recuerdan los nombres de los niños. Padre, oró por aquellos que han sido afectados por esta enfermedad. Ponga sus manos sobre todos los afectados por la demencia. Solo tú tienes el poder de curar. Toque las manos y las mentes de todos los médicos, científicos, especialistas, investigadores y todo el personal médico involucrado en la búsqueda de una cura para la demencia. Padre, te agradezco de antemano por la sanidad divina. Les agradezco los muchos medicamentos que se inventaron para frenar la progresión de la demencia.

Les agradezco a quienes donan dinero para la cura. Señor, confío en ti, te creo y creo que habrá una cura para la demencia. Tu palabra nos enseña a esperarte. Sé que nuestro tiempo no es el tuyo y sé que siempre eres un Dios puntual. Muchos han sucumbido a la demencia, pero Señor, mi fe está en ti porque eres victorioso. Eres poderoso. ¡Eres un Dios maravilloso y esta batalla contra la demencia se ganará en el poderoso nombre de Jesús, te lo ruego! ¡¡Amén!!

Referencia bíblica: Mateo 19:26; Salmo 27:14

# Bomberos

ORACIÓN POR: MINISTRO TARA FRAZIER

Padre misericordioso y bondadoso, honramos y alabamos tu nombre. Te damos gracias antes de pedirte algo, oh Dios. Reverenciamos tu santo y justo nombre. Te damos gloria y honor y te damos gracias por tu presencia, oh Dios. Señor, venimos en nombre de tus hijos, específicamente de todos los bomberos de la tierra. Oramos ahora por un seto de protección sobre sus vidas. Oramos por cubrirse mientras viajan hacia y desde para ayudar a las personas. Dios, oramos por tu gracia y misericordia para rodearlos. Te pedimos que mientras cubren y protegen sus cuerpos, tú, Señor, hagas lo mismo. Dios, te pedimos que les des claridad mental, visión perfecta y sabiduría que exceda sus años y entrenamiento. Permítales ver en el Espíritu y que cada uno de sus movimientos sea dirigido y específico al llamado que están respondiendo. Dales la fuerza sobrenatural necesaria no solo para llevar su equipo de protección, sino también para llevar a las personas a un lugar seguro.

Dios, te pido que los mantengas en perfecta paz. Guarda sus corazones y mentes, oh Dios. No les permita llevarse sus experiencias laborales a casa ni lo que ven a sus familias. No permita que las cosas del mundo los superen, pero déles seguridad y esperanza de que están marcando una diferencia en las vidas de aquellos a quienes sirven. Guía sus pasos, oh Dios. Tu palabra dice que los pasos de un buen hombre o mujer son ordenados por ti. Ordena sus pasos, Dios. Manténgalos del peligro visto y no visto. Proteja su visión para que vean con claridad. Dios, protege sus corazones de la tristeza y el dolor excesivos. Proteja sus pulmones del humo constante que inhalan y bríndeles la agilidad física para realizar su trabajo lo mejor que puedan.

Diríjalos a realizar su trabajo sin prejuicios ni discriminación, pero con amor, compasión, empatía y preocupación. En el nombre de Jesús, oro. Amén.

# Política

ORACIÓN POR: MOZELLEN DOBIE

Gracias, Jesús, por tu bondad y tu misericordia. Jesús te doy el honor y la gloria. Gracias por tu gracia, ¡aleluya! Gracias por permitirnos subir al trono de la gracia sobre la confusión en la política. Oro para que los políticos te reconozcan en todas sus formas. Oro para que su unidad sea unánime. Oro por la mente de tu gente. Dios, dales claridad de pensamiento. Oro para que el gobierno se aparte de sus malos caminos y los busque. Jesús, te pido que los ayudes a tomar buenas decisiones para tu pueblo. Gracias Jesús, aleluya. Ayude a los políticos a darse cuenta de que si sacan su nombre del gobierno, están perdidos. Jesús, eres el jefe de gobierno y pones a las personas en posiciones para servir. ¡Aleluya! Jesús, eres bueno con nosotros. Eres el gran yo soy. ¡Aleluya! Dios, te glorifico porque eres fiel a tu pueblo.

Jesús, tu palabra nos hace saber que una casa dividida no puede mantenerse, y eso incluye a la Casa Blanca. Oro para que el presidente, el Senado y la Cámara de Representantes se unan con una sola mente para hacer su voluntad. Oro para que el nombre de Jesús esté en cada boca y en cada labio. Oro para que sus corazones se vuelvan hacia ti. Jesús, ato el orgullo y la confusión y el perdido de la humildad y la claridad de pensamiento. Jesús, ato al diablo y suelto la sangre de Jesús. La palabra de Dios es verdadera. El gobierno está sobre Su hombro y Dios tiene la autoridad y la última palabra. ¡Aleluya! Jesús, te bendigo porque escuchas y respondes las oraciones de tu pueblo. Oro para que se haga tu voluntad en la tierra como en el cielo en el nombre de Jesús. Me mantengo en tu palabra que nunca falla. Jesús, prometiste nunca dejarnos ni desampararnos. Tu palabra es vida en el nombre de Jesús.

Referencia bíblica: Mateo 5:4

# Identidad

ORACIÓN POR: VERNETTA DRUMMOND-MERCER

Padre Dios, en el incomparable nombre de Jesús, venimos humildemente ante tu trono para pedirte perdón por nuestros pecados en pensamiento, palabra y obra. Bendecimos tu nombre y te agradecemos por el propósito divino que asignaste a nuestras vidas. Gracias por crearnos a tu propia imagen y por elegirnos. Estamos agradecidos de que las cosas viejas han pasado y de que estés haciendo algo nuevo para tu gente. Glorificamos tu nombre y te pedimos que se ejemplifica a través de nuestras identidades. Dios, has bendecido nuestras vidas al ordenarnos ser una raza elegida, un sacerdocio real y una nación santa. Gracias por elegirnos para ser un pueblo de su propiedad. Padre, por tu amor y bondad, apreciamos que nos hayas dado identidad como tus hijos. Lo que seremos aún no ha sido revelado, pero cuando aparezcas, seremos como tú. Señor, deseamos reflejarte. Te agradecemos por darnos regalos que se han adaptado a nuestras identidades. Dios, te pedimos que sigas revelándonos tu agenda y dentro de todo lo que hacemos. Deja que siga reflejando tu amor. Te pedimos que continúes recibiendo la gloria y elevando su estándar dentro de nosotros.

Te exaltamos, Señor. Mientras permanecemos en ti, oramos para que tu perfecta voluntad continúe morando en nosotros para que podamos seguir dando buenos frutos dentro de nuestras identidades. Sin ti no somos nada. Mientras tomamos nuestras cruces diariamente y te seguimos, mientras sacrificamos nuestras agendas para confiar en ti, sometemos nuestras mentes, cuerpos, almas y espíritus para tu uso específico. Te damos gracias por tu gracia salvadora y la nueva vida que brota a través de tu propósito de promesa en nosotros. Tu palabra dice que los que son guiados

por tu Espíritu son los hijos de Dios. Gracias por deshacerse del espíritu de esclavitud diseñado para mantenernos en nuestras viejas identidades con el miedo y el pecado del mundo. ¡Ahora somos tus hijos e hijas por quienes clamamos Abba! ¡Padre! Estamos realmente agradecidos de saber que, como sus elegidos, nos concediste la capacidad de revestirnos de compasión, bondad, humildad, mansedumbre de carácter y paciencia. Fue tu amor el que nos dio la fuerza y la capacidad para luchar y saber quiénes somos en ti.

Amén. Referencias bíblicas: Génesis 1:27; Proverbios 25:2

# COVID-19

ORACIÓN POR: DR. LESLIE DUROSEAU

Querido Dios, clamamos, te amamos, te necesitamos. Escucha nuestras oraciones, Señor. Responde nuestras peticiones. ¿Cuántos más de nosotros debemos morir? ¿Cuántos más se enfermarán? Estamos desesperados. Cantamos aleluya, aleluya, aleluya, te damos el mayor de los elogios.

Hay enfermedades en todo el país. ¿A quién acudimos? Recurrimos a nuestro Creador, el que creó bien todas las cosas. Señor, escucha nuestros gritos y nuestras peticiones. No bajemos al infierno. Ven y rescátanos, porque hay mucha angustia. Ha llegado una pandemia y nos ha invadido. Estamos encerrados y bloqueados.

Tenemos sed de ti como un ciervo anhela el agua. Apaga nuestra sed y danos de comer, querido Señor, hasta que no tengamos más hambre. Tenemos sed y hambre de tu justicia, de tu justicia y de tu paz en la tierra. Derrama agua viva sobre la gente y la tierra que satisfará y suplirá todas nuestras necesidades. Nuestras almas te anhelan en medio de tal prueba y tribulación.

¿De dónde viene nuestra ayuda? De hecho, nuestra ayuda viene de arriba. Nuestra ayuda viene del Señor. Amado Señor, sé nuestro refugio y nuestra ayuda en este tiempo de angustia siempre presente. Tú, Señor, estás cerca de los quebrantados de corazón. Siempre estás cerca de aquellos a quienes amas. Ven Señor y sálvanos una vez más. Sálvanos de nosotros mismos, porque solo tú eres nuestro Consolador y nuestra fuerza. Amén.

Referencias bíblicas: Salmo 46: 1-3, 8-11

# Mujeres

ORACIÓN POR: DR. TENARIA DRUMMOND-SMITH

En el precioso nombre de Jesús, me presento ante ti, Señor, pidiendo que ates ese espíritu que hace que las mujeres no se agraden entre sí sin una buena razón. Te pido que liberes el espíritu de amor y bondad para que llueva sobre todas las mujeres del mundo. Señor, ayúdanos a respetarnos a nosotros mismos para respetar a los demás. Te pido en el poderoso nombre de Jesús que ates ese espíritu que hace que las mujeres se traicionen unas a otras debido a sus propias inseguridades. Oh Dios, ayuda a las mujeres a aprender cómo complementarse entre sí sin falsas pretensiones detrás de lo que dicen en el nombre de Jesús. Señor, te pido en tu nombre que nos ayudes a celebrar a cada hermana en su temporada de bendición y a entender que harás lo mismo por nosotros en el nombre de Jesús. Señor, eres un Dios que bendecirá a quien bendecirás en cualquier momento.

Aleluya, aleluya, gracias Señor, gracias Jesús. Te pido que nos ayudes a predicar con el ejemplo para que las mujeres más jóvenes sepan que es importante comportarse como damas en la forma en que nos vestimos, hablamos y respetamos a otras mujeres. Señor, ayúdanos a aprender a llamar y velar a otra hermana cuando se sienta mal. Oh Dios, ayúdanos a aprender a escuchar cuando una hermana solo necesita alguien con quien hablar. Señor, te pido que nos ayudes a orar por alguien que está pasando por algo, incluso cuando no nos llevamos bien con éllas. Ayúdanos a tener el corazón para orar por ellos en el nombre de Jesús. Señor, te entrego esta oración en el nombre de Jesús, y así es. Amén y amén.

Referencia bíblica: Filipenses 2:1-2

# Padres

ORACIÓN POR: SOPHIA L. GREENE

Padre, te pedimos que vengas a nuestro llamado porque elegiste nuestros úteros para usarlos como vasijas para expandir el mundo. Nunca recibimos un manual ... ¿o sí? Enséñanos a criar a tus hijos. Danos tu paciencia y muéstranos tu camino. No podemos criar a estos niños sin su protección, guía y coraje. Eres el Padre de todas las naciones. Somos los cuidadores de estas almas. Ponemos a todos los niños del mundo a tus pies porque reconocemos que tu palabra es el manual del mundo y en tu palabra podemos encontrar las respuestas que nos ayuden a ser buenos padres. Gracias, padre por tu fuerza y guianza en todo tiempo.

Padre, confiamos en que tu brindarás la sabiduría que necesitamos para criar a nuestros hijos correctamente. Proteja a todos los niños de los malos caminos y las malas intenciones que puedan rodearlos. Te los presentamos, ayúdanos a ser pacientes con ellos y demuestra tu amor por ellos. Oramos para que tu gracia celestial descanse sobre ellos y cuando fallen, que los restaures, los levantes y les muestres tu verdad. Ayúdanos como padres a ser una luz que los guíe a seguir. Oramos para que nuestros hijos se sientan cómodos viniendo a nosotros en todo momento. Establezca una conexión fuerte y amorosa entre nosotros y entre tu y ellos. Te necesitamos en todo momento, nuestros hijos te necesitan. Vengo con confianza ante ti padre porque sé que protegerás a nuestros hijos. Levantó alabanzas a los cielos porque nuestra ayuda viene de arriba. Lo declaro hecho en el nombre de Jesús. ¡Amén!

# Demencia, Enfermedad de Alzheimer

ORACIÓN POR: ROBERTA JONES-JOHNSON

¡Aleluya! Señor, te adoro, Señor, y te doy toda la alabanza. Te agradezco por darme vida hoy. Padre, levanto tu nombre. No hay nada que pueda hacer sin ti. Por favor, perdóname si me quedo corto. Tú eres el gran Dios, el Dios sobre todo, el Rey de reyes y Señor de señores. ¡Te doy todo el honor y la gloria! Padre Dios, vengo a ti en el poderoso nombre de Jesús, intercediendo por aquellos que sufren de demencia y la enfermedad de Alzheimer. Algunos de nuestros seres queridos se ven afectados por estas enfermedades. Observamos cómo se mueven un poco más lento y hablan menos que antes. Tienen dificultad para recordar y reconocer personas y lugares. Les resulta difícil recordar recuerdos preciados que se están desvaneciendo. Vemos el asombro en sus ojos. Solían participar en el mundo, pero ahora están excluidos y miran el mundo desde fuera.

Señor, te pido que los cubras con la sangre de Jesús. Por favor, quédate con ellos, bendícelos y sánalos. Todavía los amas y son preciosos a tu vista. Oro también por sus cuidadores. Padre, por favor dales consuelo y fuerza para enfrentar los desafíos de cuidar a sus seres queridos, quienes alguna vez los conocieron a todos tan bien y ahora parecen ser extraños. Esté con ellos mientras luchan con la confusión, los cambios de humor, lapsos de memoria, la impotencia y la frustración. Anímelos y déle paciencia mientras cuidan a sus seres queridos. Eres el padre de gracia y misericordia, por eso te pido que los ayudes a mostrar gracia y misericordia mientras apoyan a sus seres queridos.

Padre, deja que tu Reino venga a librarnos de todas las enfermedades y dolencias que enfrentamos. Dijiste en tu palabra que habrá un cielo nuevo y una tierra nueva. No habrá más muerte, tristeza, llanto o dolor. Dijiste que estas cosas pasaran, así que sea así en el poderoso nombre de Jesús. Amén.

Referencia bíblica: Isaías 65:17

# Divorcio

ORACIÓN POR: PROFETA VON BRAND

Padre, levantó a los que hoy se han enfrentado al divorcio y todavía luchan con el dolor de ello. Vengo contra el espíritu de rechazo, ya sea por miedo al rechazo o por el autorrechazo. Nos recuerdas que no nos diste el espíritu de miedo, sino de poder, amor y de una mente sana. Ato esos espíritus de amargura, depresión, falta de perdón, represalias e ira. Ordenó al hombre fuerte de la culpa y la vergüenza que suelte su control. Por tu Palabra, podemos hacer todas las cosas a través de ti que nos dan fuerza.

Señor, te agradezco por mostrarnos que hay esperanza en ti. No nos desanimamos, pero nos alienta porque sabemos que tú eres nuestro sustentador. Tú y solo tú, Dios, eres el que levanta nuestras cabezas, por eso te damos gloria y te damos toda la alabanza. Tú eres nuestro Jehová Jireh; nos proveerás a nosotros y a nuestros hogares. Rompemos las espaldas de cada lazo del alma que ha llegado a obstaculizar nuestro futuro, y los arrojamos al mar seco. Desarraigamos todo complot y plan del enemigo para robarnos nuestro gozo.

Dios, te agradecemos que no estemos conmovidos por este estado temporal en el que nos encontramos porque hay un futuro para nosotros. Con o sin cónyuge, ¡nos mantenemos firmes en tu Palabra! Te damos gracias por tu Palabra y por tu paz de hoy. ¡Eres fiel, gloria a Dios!

Referencias bíblicas: 2 Timoteo 1:7; Filipenses 4:13;
Salmo 42:5

# Disfuncionalidad familiar

ORACIÓN POR: ANNETTA DRUMMOND

Padre, en el nombre de Jesús, te honramos, te alabamos y glorificamos tu nombre. Gracias por tu gracia y misericordia. Te agradecemos por las familias en las que nacimos porque tú has creado y sancionado familias desde la fundación del mundo. Nos pusiste en familias para tu alabanza y gloria.

Algunos de nosotros tenemos buenas familias, pero otros tienen disfunciones que necesitan su sanación y liberación. Padre, te pedimos que vayas a la raíz de la disfuncionalidad en nuestras familias y pongas orden donde hay caos. Sabemos que puedes hacer algo hermoso con la tristeza. Padre, te pedimos que toques a los padres, hijos, parientes y amigos en estos hogares. Trae estabilidad, estructura, alegría, paz y, sobre todo, derrama tu amor en sus corazones. Toca a los que están rotos y destrozados. Hágales saber que los ama incondicionalmente.

Algún padre o madre ha perdido a su hijo o hija en la calle. Oro para que les brindes un lugar seguro. Protégelos, cubrelos con la sangre de Jesús y llévalos a casa con sus familias y seres queridos. Libera el dolor de quienes están contemplando el suicidio. Te pido que envíes a tus ángeles para intervenir y salvarlos. Hágales saber que son amados, queridos y que pueden ser utilizados por ti incluso en su estado roto. Te pido que traiga paz a su situación.

Padre, oró por los padres abusivos. Dios, te pido que vayas a la raíz de su abuso y los sanes de todo el dolor y el dolor que sufrieron ellos mismos. Encuéntrelos en ese lugar oscuro manteniéndolos cautivos, enojados y haciéndolos atacar. Déjalos en libertad para que se liberen de su dolor. Hágales saber de su sanidad en esta vida en el nombre de Jesús.

Padre, te pido que restaures a las familias perdidas. Traiga a casa al padre ausente y vuelva su corazón hacia su familia e hijos. Te pido que toque y sane todas las disfunciones de nuestras familias en todo el mundo. Sana, restaura, reúne y libera en el nombre de Jesús. amén

# Política

ORACIÓN POR: REINA MADRE BLAKELY

Oh Señor Dios, te pedimos que ayudes a los políticos que ayudan a gobernar nuestras vidas a tomar decisiones claras y sabias. Oramos por la justicia de nuestros líderes, oh Dios. Oramos para que nuestros líderes trabajen con nosotros en nuestro trato con la sociedad. Sostennos en todos nuestros caminos. Permítenos perseverar en tu divina misericordia y gracia. Ayúdanos a ser conscientes unos de otros mientras vivimos en comunidad como vecinos cuidándonos unos a otros. Danos el liderazgo de hombres y mujeres que buscarán su guía en ti, el Líder Supremo de todas las cosas en todo momento.

Escúchanos, Dios que estás en el cielo y en la tierra. Te pedimos que despiertes un verdadero liderazgo en nuestros líderes. ¿Qué más podemos pedir, sino que nuestros líderes se dirijan a ti y solo a ti en busca de orientación en cada decisión que tomen en nuestro nombre? Oh Dios, nuestros líderes toman decisiones que afectan nuestras vidas desde el nacimiento hasta la muerte. Escúchanos Oh Dios, muéstranos tu camino mientras te pedimos que dirijas y guíes nuestras vidas. Ayude a nuestros líderes a ser rectos en todas sus decisiones. Ayúdanos a mantener nuestras comunidades y vivir en armonía unos con otros. Te damos las gracias por todas las cosas. Te damos gracias por escuchar nuestra humilde oración y aceptarla. Amén.

# Falta de perdón

ORACIÓN POR: JANET LENNOX

Aleluya, gracias Jesús, venimos en el incomparable nombre de Jesús dando gracias y alabando a quien eres. Padre, te pedimos que nos perdones los pecados que hemos cometido contra ti sobre todo, Señor, y contra nuestros hijos, padres y amigos. Señor, necesitamos que nuestras oraciones sean escuchadas por ti, por lo tanto, sea cual sea el pecado que hayamos escondido en nuestros corazones, perdónanos para que podamos experimentar tu gracia ahora mismo en el nombre de Jesús. Nuestras vidas necesitan crecer, por lo que la falta de perdón no puede ser parte de nuestras vidas.

Esperamos una vida más abundante. Señor Dios, deja que tu temor siempre esté con nosotros para que podamos tener tu perdón en el nombre de Jesús. Te damos gracias por la obra de la cruz y te damos gracias por la integridad en el incomparable nombre de Jesús. Dejemos que la sangre de Jesús lave nuestras mentes de la falta de perdón para que podamos prosperar. Deja que la sangre de Jesús venga contra el espíritu de falta de perdón que seca nuestras vidas del éxito y la grandeza en ti. Padre Celestial, te agradecemos por nuestro gran éxito en ti en el nombre de Jesús. Amén.

Referencias bíblicas: Salmo 103: 10-12, 130: 3-4.

# Cáncer

ORACIÓN POR: DAWN GRANTHAM

Padre Dios, en el precioso nombre de Jesús, vengo ante ti como tu humilde sierva, pidiéndote que escuches mi clamor mientras busco tu rostro. Sabes que muchas personas han perdido a sus seres queridos a causa de esta enfermedad mortal del cáncer y muchas todavía luchan. Visitas al médico y radiación, la quimioterapia se ha apoderado de sus vidas. Esta enfermedad afecta a las personas que la padecen y a sus seres queridos. Algunos han ganado esta batalla y otros la han perdido. Mi más sincera oración es que sanes a los que sufren y consueles a sus familias que ven sufrir a sus seres queridos. Dios Padre, habló vida por el poder de mi lengua.

¡El cáncer tiene que huir en el nombre de Jesús! Debe volver al abismo del infierno al que pertenece. No pertenece a nuestros cuerpos. No es del bien, sino del mal. Esta enfermedad no tiene discriminación por edad o raza. Aparece listo para retumbar y atacar brutalmente nuestros cuerpos. Oh Señor, sé que esta enfermedad no es tuya porque es malvada y monstruosa. Por lo tanto, oh Señor, vengo valientemente y me acerco al trono de la gracia, decretando y declarando que nuestros cuerpos serán sanados ahora mismo. Cáncer, huye en el nombre de Jesús. Señor, levanta a los enfermos de su lecho de aflicción y sé su médico en el quirófano. Seca las células cancerosas y elimina todos los tumores que crecen en sus cuerpos. Cierre las heridas abiertas y ayude a que todos los órganos funcionen correctamente. Para aquellos que perdieron el cabello, restaure su cabello más saludable y más largo que nunca. Para aquellos que perdieron la voz, restáuralos sin necesidad de dispositivos. Para aquellos que perdieron rasgos físicos y podrían no lucir como antes, devuelveles un brillo para que cuando la gente los vea, sepan que Jesús los tocó. Hazlo por ellos padre

Dios, no por quién soy yo, sino por quién eres tú. Vengo a ti intercediendo por ellos. Sea su medicina y ayúdalos a vivir un estilo de vida saludable. Muévete por ellos, Padre Dios. Dales el valor para no temer y la fuerza para ser un testimonio vivo de que Jesús todavía sana, Jesús todavía restaura y Jesús todavía hace milagros. ¡Oro esto en el precioso nombre de Jesús!

Referencias bíblicas: 2 Crónicas 7:14; Proverbios 18:21; Isaías 53:5

# Dolor
ORACIÓN POR: MIRANDA RIVERS

Oh Señor, Dios nuestro y Salvador nuestro, te pido que veles por todos los que están afligidos y los consueles. Envía a tus ángeles de la misericordia para aliviar su dolor. Dios Padre, te pido que quites su angustia y sanes sus corazones rotos. Te pido que consuelen a todos sus familiares en duelo. Te pido que animes a tu gente durante su tristeza. Da descanso a sus corazones cansados y calma sus mentes con tu paz. Ayúdelos a recordar sus promesas de nunca dejarlos o abandonarlos en su momento de necesidad. Ayúdalos a saber que tu presencia traerá paz a sus almas.

Dios Padre, envía tu Espíritu Santo para traerles paz y valor para vivir por ti. Devuelve la alegría a sus almas; elevalos, llénalos de vuestro gozo para que florezcan en la esperanza. Conoces su dolor y pena. Te pido que los bendigas con tu paz en medio de su dolor y consueles sus corazones cansados. Dales esperanza en sus turbulencias, para que puedan mirar a tu amor para sostenerlos en su momento de necesidad. Te pedimos todas estas cosas en el nombre de Jesús. Amén.

Referencias bíblicas: Juan 14:27; Salmo 18: 2

# Proposito

ORACIÓN POR: SARAH NICHOLS

Dios nuestro, te llamamos Abba, Padre, porque eres el único y verdadero Dios viviente. Tú eres el Creador de todas las cosas visibles e invisibles. Conoces el final desde el principio y haces que todas las cosas sean perfectas en su momento. Te adoramos y te amamos. Te agradecemos su propósito y plan para nuestras vidas. Tu palabra nos dice que nos llamaste pueblo elegido, real sacerdocio y tu posesión especial. Tenías un propósito especial para nuestras vidas. Estamos agradecidos de que nos haya elegido y queremos seguirlo mientras nos guía hacia el propósito y plan que tiene para nosotros. Pusiste todo lo que necesitábamos para cumplir ese propósito ante nosotros. Que se ilumine nuestro propósito, tal como hablaste al principio y formaste el mundo para que se produjeran cosas que no había antes. Padre, nos dices en tu palabra que conoces los planes que tienes para nosotros, para prosperarnos y no dañarnos, para darnos una esperanza y un futuro. Gracias por tu gran amor por nosotros.

A veces, cuando no nos amamos a nosotros mismos, nos muestra cómo planeó un futuro para nosotros y nos da algo que esperar. Donde nuestros corazones planean cosas que están fuera de tu voluntad, deja que surja tu propósito para nuestras vidas. Permítenos vivir para tu propósito, de modo que cuando terminemos esta carrera que se nos presenta, estemos vacíos y hayamos logrado todo lo que nos diste para hacer. Sabemos que todas las cosas funcionan juntas para nuestro bien porque somos llamados de acuerdo con su propósito. Mientras caminamos por el camino que nos has puesto, dijiste que nos llenarás de gozo en tu presencia y de placeres eternos a tu diestra. Que el Espíritu Santo despierte los dones y talentos en nosotros para que sepamos lo que pone en nosotros y nos muestra lo que necesitamos para cumplir nuestro propósito.

Envíenos las personas que nos ha asignado para nuestro propósito. Danos el discernimiento para saber quiénes son y cómo te ayudarán a cumplir tu propósito divino en nuestras vidas. Te damos gloria y honor por lo que estás haciendo y por lo que ya has hecho en nosotros, incluso antes de la fundación del mundo. En el nombre de Jesús, Amén.

# Familias disfuncionales

ORACIÓN POR: CAMEO BOONE

Padre nuestro que estás en los cielos, vengo a ti en el nombre de Jesús, elevando tu nombre en lo alto. Agradezco la oportunidad de acudir a ustedes en oración en nombre de las comunidades de todo el mundo, especialmente la comunidad negra. Padre, nuestra comunidad está llena de violencia, prostitución, tráfico de drogas, adicción, codicia, pobreza y disfunción. Nuestros niños sufren de falta de estructura y educación. El enemigo se ha instalado en nuestras comunidades y está obsesionado con nuestros hijos. Nosotros, como iglesia, podemos crear una estructura y usar nuestras armas espirituales para derribar las fortalezas de Satanás. ¡No tiene autoridad sobre nuestras comunidades, y no tiene poder sobre nuestras comunidades! ¡Usamos el precioso don del Espíritu Santo para romper todo yugo del enemigo!

Tu palabra dice que oren sin cesar y eso es lo que deben hacer los líderes espirituales y los seguidores de Jesús. Padre, sabemos en tu palabra que enviaste ángeles cuando Daniel oró y ayunó. Ablandaste el corazón del rey Ciro y el dejó libres a los israelitas. Sabemos a través de nuestras pruebas y tribulaciones que nunca nos dejarás ni nos abandonarás, que si nos humillamos y buscamos tu rostro, sanarás la tierra. Gracias, Padre, porque escuchas nuestros gritos y oraciones y vienes a liberarnos.

Gracias, padre, por su cobertura de protección alrededor de nuestras comunidades. Gracias por preparar un camino para que su gente salga de este sistema, para vivir con rectitud y autosuficiencia. Gracias por hacernos un camino para construir nuestras propias casas, para tener nuestros propios negocios y crear nuestro propio plan de estudios para que nuestros niños conozcan la estructura y la verdad. Gracias por impulsarnos a implementar su palabra y oración en nuestro plan de estudios. Gracias por mostrarle a la familia, la escuela, la iglesia y la comunidad cómo trabajar en conjunto para cultivar los dones de uno para que sus talentos los proveen. Gracias por levantar a líderes que levantaran discípulos que construirán comunidades en todo el mundo que te sirvan ¡Amén!

Referencias bíblicas: 1 Tesalonicenses 5:16-18; Daniel 9; Esdras 1:6; 2 Crónicas 7:14

# Juicio

ORACIÓN POR: CYRINTHIA HILL-FLOWERS

Padre, en el nombre de Jesús, podemos ver claramente que tu juicio está en la tierra. Hay muchas situaciones que nos permiten ver tu poder en la tierra. Padre, has dicho en tu palabra que creamos para que no seamos consumidos y condenados por el pecado, porque la paga del pecado es muerte, pero el regalo de Dios es vida eterna por Jesucristo nuestro Señor. Jesús, no nos damos cuenta de que las cosas están sucediendo debido a la constante desobediencia. Los tiempos son malos y suceden cosas porque no hacemos caso y cambiamos nuestros caminos.

Padre, en el nombre de Jesús, decretó cambios en la vida de las personas. Decreto y declaro que la gente te creerá y te aceptará. Señor Jesús, oró para que te conozcan para el perdón de sus pecados, que cuando enfrenten el juicio de Dios y se presenten ante Él para ser juzgados, tengan un registro de que agradaron a Dios por ser obedientes a su palabra. Jesús, tu palabra declara que el que en él cree no es condenado, pero el que no cree, ya ha sido condenado porque no ha creído en el nombre del unigénito hijo de Dios. Jesús, ayuda a la gente a creer que eres un galardonador de aquellos que te buscan constantemente. No es tu voluntad que nadie perezca, sino que todos procedan al arrepentimiento. Señor, no enviaste a tu Hijo Jesús al mundo para condenar al mundo, sino para que el mundo a través de ti sea salvo. Ayúdanos, Jesús, a tener mucho cuidado con las palabras que decimos. Señor, de toda palabra ociosa que hablemos, daremos cuenta de ella en el día del juicio. Porque por tus palabras serás justificado, y por tus palabras serás condenado. Señor, ayúdanos a vigilar nuestras palabras y a ser muy conscientes de las palabras que hablamos en el nombre de Jesús. Ayúdanos a saber que seremos juzgados. Ayúdanos a hacer firme nuestra vocación y elección en el nombre de Jesús. Amén.

Referencias bíblicas: Juan 3:17-18; Romanos 6:23, 14:12; Mateo 12: 36-37; Hebreos 11:6; 2 Pedro 1:10; Revelación 20:12

# Presión baja

ORACIÓN POR: JOYCE ROLLINS

Dios, somos tan indignos de venir ante tu trono, sin embargo, escuchas nuestras peticiones y envías las respuestas que necesitamos. Padre, te bendigo y te magnifico. Te doy gracias por la victoria sobre la enfermedad, y te doy la gloria. Te agradezco la autoridad para interceder en nombre de quienes sufren de presión baja. ¡Dios los libere! No dejaré de orar hasta que estén totalmente entregados. Miró hacia las colinas de donde viene nuestra ayuda. Sé que nuestra ayuda viene de ti y sé que tienes todo el poder. Dios, envía tu poder sanador para que tu pueblo sea sanado. Invoco el nombre del Señor, que es digno de ser alabado. Señor, envió una gran alabanza a tu nombre por lo que estás a punto de hacer.

Señor, te pido que sanes a las personas con presión baja. Vengo contra la presión baja en el nombre de Jesús. Padre, ahora mismo hablo en contra de todas las causas de la presión baja; estrés, alergia, cardiopatías, anemia, trastornos neurológicos, vejez, mala alimentación, lesiones y deshidratación. Pongo la enfermedad debajo de mis pies. Proclamó la victoria sobre cada síntoma. Hablo de náuseas, cansancio, confusión, palpitaciones, inestabilidad, desmayos, mareos y aturdimiento. Te mando que ceses en el nombre del Señor Jesús. Hoy, proclamo que la Enfermedad ya no es nuestra porción. Un estilo de vida saludable es nuestro; viviremos y no moriremos. Proclamó milagros, señales y prodigios en nuestro nombre. Incluso habló de que los médicos se salvarán después de presenciar nuestra curación. Oro para que en nuestra curación, experimentemos la plenitud de gozo que viene solo del Señor. Dios, te he visto hacerlo antes, así que te pido que lo hagas de nuevo. Dios sea nuestro sanador, nuestra fuerza y nuestra fuente. Ayúdanos a apoyarnos en ti en el momento de necesitar. Señor, rodea a los enfermos de personas que los amen. Cúbralos cuando salgan y entren. Sea un refugio hasta que su curación sea completa. Dios, toca a cada médico que conozcan y dales el conocimiento para tratar a tu gente de manera efectiva. Señor, aumenta su fe en el nombre del Señor Jesús. Los médicos tratarán a tu gente, pero tú eres el sanador. Dios, continúas recibiendo la gloria, el honor y la alabanza. Te doy las gracias de antemano por tu gente, Señor. Amén.

Referencias bíblicas: Salmo 121:1, 18:3.

# Sabiduría

ORACIÓN POR: CHERYLN OLIVER-McKAY

Padre Celestial, vengo a ti pidiendo sabiduría para todos y cada uno de los habitantes de este mundo en el nombre de Jesús. Oh Dios, estamos viviendo en los tiempos peligrosos de los que habla tu palabra. No hay claridad y tanto juicio. Tu pueblo está perdido sin ti Señor, y necesitamos tu sabiduría. Dijiste en tu palabra que si alguno tiene falta de sabiduría, que te la pida, quien da generosamente a todos sin faltar, y se le dará. Señor, tu pueblo necesita tu sabiduría. Están confundidos y están tomando decisiones equivocadas. Sabemos que tu palabra nos dice que tengamos cuidado con la forma en que vivimos, no como vive el mundo, sino como los sabios, aprovechando al máximo cada oportunidad porque los días son malos. Dios, sabemos que no eres el autor de la confusión. Señor Dios, dijiste en tu palabra que el temor de Dios es el principio de la sabiduría. Oramos para que la gente te tema, no que te tenga miedo, sino que abran sus mentes y corazones para recibirte. Señor, necesitamos saber que estás guiando todos nuestros movimientos. Ayúdanos a recordar que nada en este mundo se compara con tu sabiduría.

La sabiduría que viene del cielo es pura, pacífica, considerada, sumisa, llena de misericordia, productiva, imparcial y sincera. Ayúdanos a eliminar nuestros pensamientos para que podamos ver lo que nos muestras. Vivimos en un mundo que parece demasiado ruidoso, y demasiado ocupado para que podamos escucharlo. Señor, eleva tu voz en nuestras almas para que podamos escucharte y tengamos la voluntad de ser obedientes. Señor Dios, sabemos que es mejor tener sabiduría que oro, por eso es con esta oración que te pido que tengas misericordia de todos. Que se revelen las cosas que tienes para nosotros. Señor, te pido que recibimos la sabiduría que viene solo de ti, y tenemos el discernimiento que necesitamos en estos últimos y malos días. Oro estas cosas en el nombre de Jesús. Amén.

Referencias bíblicas: Santiago 1:5; Efesios 5:1-16

# Suegros

ORACIÓN POR: ESTHER BURGESS

Padre Celestial, vengo ante ti agradeciéndote por la gracia de venir con valentía ante tu trono y presentarte cada asunto del corazón. Padre, te agradezco por todo lo que has hecho por nosotros. Te agradezco por la bendición de tener una familia. Como has dado el mandato de multiplicar y habitar la tierra, te agradecemos la unión del matrimonio y la extensión de nuestras familias. Señor, tú conoces y comprendes las alegrías y las pruebas de los matrimonios, y la interrupción que surge cuando hay diferencias. Espíritu Santo, presentó a cada nuera, a cada yerno, a cada suegra y a cada suegro ante ti. Te pido que intervengas en todos los ámbitos de nuestras relaciones, dándonos un corazón para amar, para perdonar, para tener paciencia. Ayúdanos a aceptar las cosas que no podemos cambiar para que sepamos cómo comunicarnos y mostrar tu amor en todo lo que hacemos. Ayúdanos a amar más allá de todo juicio negativo que pueda surgir en nuestras relaciones. Ayúdanos a dejar ir y perdonar cada palabra negativa dicha por error y cada acción desconsiderada realizada.

Guíanos en las cosas que hacemos. Danos la sabiduría para saber cuándo hablar y cuándo callar. Humilla nuestro enfoque hacia los suegros negativos para que por nuestros frutos, seas glorificado. Enséñanos cómo traerte todo en oración. Oro por cada cónyuge que se siente inadecuado debido a las críticas negativas que sus suegros les hablan. Dales fuerza para vencer. Danos la sabiduría de cómo lidiar con suegros difíciles y enséñanos a manejar cada tarea difícil. Espíritu Santo, restaura y redime en el nombre de Jesús. Oro por todos los suegros inconversos. Espíritu Santo, obra en sus corazones. Dales el corazón pararíndete y llévalos al arrepentimiento y la salvación. Oro para que la gracia de Dios venga contra todo corazón resistente y todo espíritu que venga a obstaculizar la unión de la familia. Oro para que el amor se fortalezca en nuestras relaciones. Oro para que podamos amar como tú lo haces en el nombre de Jesús. Amén.

# Niños

ORACIÓN POR: THERESA BYRD

Dios mío, vengo a ti en oración sabiendo que todo es posible a través de ti. SEÑOR, nuestros hijos de hoy están atrapados en esta generación perdida. Su mentalidad está más allá de lo impensable. Las calles los llaman por sus nombres y los niños responden a la llamada. Los niños sin supervisión están aquí afuera causando daño a otros. Están faltándole el respeto a sus mayores y a las personas inocentes. Toda la moral y los estándares que les enseñaron ya no existen para ellos. En sus mentes, está bien robar, robar y violar a sus mayores. No aprenden nada y los que tienen hijos no les enseñan nada a sus hijos. Parece que la autodestrucción es su máxima prioridad. Tantos niños inocentes están siendo intimidados y están perdiendo la vida por nada. Los padres no saben qué hacer ni a dónde acudir.

Dios Padre, eres el único que puede poner fin a todo este lío. Te ruego, SEÑOR, que ates los malos pensamientos que estos niños comparten entre sí. Ayúdalos a ser lo suficientemente responsables como para corregir a otros. Por estas cosas oro, y estoy agradecido por la sangre que derramaste en la cruz en el Calvario por todos nosotros. Amén.

Referencia bíblica: Proverbios 3:5-6

# Murmuración

ORACIÓN POR: PASTOR SHAWN QUALLO

Señor, venimos ahora reprendiendo el espíritu de difamación del reino de Dios, de nuestros hogares, de nuestros lugares de trabajo y de nuestras escuelas en el nombre de Jesús. Tu palabra nos dice que el espíritu de la calumnia odia a Dios, es insolente, arrogante, presumido, inventor del mal y desobediente a los padres. Estas cosas están presentes porque se abrió una puerta al espíritu de la murmuración. Desechamos cada semilla plantada de la murmuración. Invocamos el fuego de Dios para consumir la calumnia, odiamos la insolencia, la arrogancia, y las malas invenciones y el espíritu de desobediencia. Los echamos en el nombre de Jesús. Señor, cada árbol que no plantaste, lo arrancamos ahora mismo de los corazones y las mentes de tu pueblo. Tu palabra nos dice que dejemos de lado toda malicia, engaño, hipocresía, envidia y toda calumnia. Nos arrepentimos ahora Señor; perdónanos por permitir que las puertas se abran en nuestros corazones y mentes. Espíritu Santo, te invitamos a entrar en nuestros corazones y mentes porque te recibimos Señor, tú nos dices que echemos nuestras preocupaciones sobre ti porque te preocupas por nosotros. Ayúdanos a dejar de pelear nuestras propias batallas y saber que eres una ayuda muy presente en nuestros tiempos difíciles.

Señor, tu palabra nos dice que la mente es el campo de batalla, así que atamos y cancelamos el espíritu de mentira que atrapa nuestras mentes. Lo destruimos ahora en el nombre de Jesús y soltamos el espíritu de paz, gozo y amor que son los frutos del Espíritu. Los soltamos para saturar nuestras mentes y corazones a través de la sangre de Jesús. Ahora Espíritu Santo, haz que nuestros ojos se abran y nuestra boca declare un sonido que el espíritu de murmuración es destruido. ¡Que el amor permanezca, porque el amor cubre multitud de pecados! Señor, gracias por el amor que se manifestará en nosotros mientras caminamos en el perdón por aquellos que nos critican. Ningún arma que se forme contra nosotros prosperará. Nos vestimos con toda la armadura de Dios y el espíritu de murmuración ya no puede morar en nosotros. Proclamamos que somos redimidos y nuestra mente se renueva en el nombre de Jesús. Amén.

Referencias bíblicas: Romanos 1:30; 1 Pedro 5:7; Efesios 6:11-13

# Gracia

ORACIÓN POR: JACQUELENE SCRUGGS

Padre Celestial, te damos gracias por otro día. Gracias por este día que nunca hemos visto y que nunca volveremos a ver. Gracias, Jesús, por nuestra vida, nuestra salud y fortaleza. Te agradecemos el refugio sobre nuestras cabezas y la comida en nuestras mesas. Te damos gracias, Jesús, por ser nuestro Salvador, nuestro Padre, nuestro Rey y nuestro todo. Señor, eres todo para nosotros. Eres tan bueno con nosotros y te agradecemos por tu amor y gracia. No somos perfectos, pero no pretendemos ser perfectos. Nos esforzamos por ser como tu. Te damos gracias por la gracia que has almacenado en nosotros. Tenemos todo el poder en el nombre de Jesús. Señor, eres tan bueno con nosotros y no podemos vivir sin ti. Te damos gracias Jesús, gloria aleluya. Señor, te damos gracias por todo.

Señor, tu gracia y misericordia nos ayuda a permanecer. Vivimos en este momento gracias a ti. Te agradecemos y te alabamos por todas las cosas. Jesús, te damos gracias por lo que estás haciendo y por lo que vas a hacer. Nos das esperanza todos los días porque sabemos que tu gracia nos va a dar fuerzas para afrontar el camino de la vida. Padre, eres digno de ser alabado. Te damos gracias por el poder de Cristo que descansa sobre nosotros. Señor, te damos gracias, gloria aleluya, eres asombroso. Te amamos Jesús. Gloria a tu nombre. Te damos gracias por salvarnos, bendecirnos y mantenernos por gracia en todo lo que atravesamos. Te damos gracias, Señor, por el Espíritu Santo que mora en nuestras almas. Tu gracia y misericordia nos bastan porque siempre estás ahí para nosotros. Jesús, te damos gracias por nunca dejarnos ni desampararnos. Señor, eres bueno y tu misericordia perdura para siempre. Te amamos y te estaremos eternamente agradecidos. Que la gracia del Señor Jesús Cristo y el amor de Dios esté con todos nosotros. Amén, gracias, Jesús.
Referencias bíblicas: Efesios 4:7; 2 Corintios 12:8-9

# Hombre de Dios

ORACIÓN POR: WENDYANN WILLIAMS

Señor, elevo a los hombres que tienen una relación personal contigo y cuyo deseo de corazón es conocerte a un nivel más profundo. Permita que tengan la mente de Cristo para que piensen como tú y lo honren al ponerlo en primer lugar en sus vidas. Ayúdelos a recordar siempre usar el casco de la salvación para que puedan tomar decisiones sabias para protegerse contra los pensamientos negativos del enemigo. Permítales ver con ojos espirituales que las batallas que enfrentan no son contra sangre y carne. Sus batallas contra su pasado, sus debilidades, sus defectos e inseguridades. Déjales ver cómo el enemigo usa estas cosas contra ellos para que siempre puedan usar la armadura completa de Dios para resistir los ataques de su enemigo.

Ayúdelos a mantener sus ojos enfocados en ti para que sepan cómo alejarse de la tentación y buscar su liberación. Proteja sus oídos de lo que escuchan para que solo escuchen de ti y conozcan su pequeña voz tranquila en medio de todo el ruido y la confusión. Ayúdalos a elegir sabiamente sus palabras para que te agraden. Señor, que su discurso esté siempre libre de perversiones y sea edificante, amable y astuto, para que otros quieran llegar a conocerte. Protege sus corazones de los malos deseos y el engaño y enséñales cómo mirarte como la fuente de dirección y fortaleza.

Guía sus pasos dondequiera que vayan para que te agraden. Muéstrales cómo caminar humildemente en tu gracia y con semblante piadoso para que tu carácter pueda ser un ejemplo para los demás. Sobre todo, enséñeles y ayúdales a saber cuánto los amas. Hago esta oración en el nombre de Cristo. Amén.

Referencias bíblicas: Efesios 6:10-17; Colosenses 4:6; Salmo 19:14

# Cáncer

ORACIÓN POR: SHERRELL D. MIMS

Jehová Rapha, Dios nuestro sanador, nos acercamos a tu trono de gracia en nombre de tu pueblo con nuestros brazos extendidos hacia ti. Oramos para que este espíritu inmundo del cáncer no se adhiera a su pueblo. Cortamos esa asignación desde la raíz y la arrojamos al abismo del infierno de donde vino, para no volver a levantar su fea cabeza. En este momento, Padre, seguimos cumpliendo tu palabra. Dices que ningún arma que se forme contra nosotros prosperará, y toda lengua que se levante contra nosotros en juicio, la condenarás. Esta es nuestra heredad como siervos del SEÑOR, y nuestra justicia que viene de ti.

Jehová Rapha, te damos gracias por soportar nuestras enfermedades, dolencias y plagas para que podamos soportar una larga vida saludable y próspera. Cada promesa que nos hizo es "sí" y "amén". Cumplimos tus promesas. ¡Jehová Rapha, eres el gran médico! Puedes hacer cualquier cosa menos fallar. Lo consideramos hecho en el nombre de Jesús. Sellamos esta oración, sabiendo que escuchaste nuestras oraciones y las responderás. Alabamos tu santo nombre, Jesucristo nuestro Señor y Salvador. Amén, y así sea.

Referencias bíblicas: Isaías 54:17, 53:5; Santiago 5:16

# Padres

ORACIÓN POR: D.D. HOUSTON

Querido Señor, mientras estoy acostado aquí en la cama en el silencio de la noche con el corazón abierto y la mente sana. No voy a la iglesia tan a menudo como debería, pero te llamo todos los días. No puedo dejar de agradecerte por la mujer increíble que me diste en mi madre. Los niños son tan bendecidos por haber encontrado toda una vida de amor, apoyo, paciencia, amistad, aliento, guía y simplemente unión mental y espiritual. Te agradecemos por darnos la paciencia y el estado de ánimo para escuchar los consejos de nuestras mamás. ¿Cómo serían nuestras vidas si no lo hiciéramos? Señor, te agradecemos por poder honrar a nuestras mamás con amor, respeto, apoyo y obediencia. Esto es lo que esperas que hagan los niños. Señor, nos mostraste cómo hacer felices a nuestras mamás con solo escucharte.

Señor, te agradecemos por una experiencia amorosa que no se puede comparar con ninguna otra relación. Te alabamos, querido Dios, por darnos un regalo fenomenal que ninguna cantidad de dinero podría reemplazar. Oro para que nuestros jóvenes honren a sus padres y se den cuenta de que el apoyo y el amor que reciben de ellos es incomparables. Oro por aquellos niños que no tienen una relación amorosa con sus padres. Oro para que esos niños se arrodillen y pidan la ayuda del Señor. Oro para que nuestros jóvenes encuentren un lugar de adoración para mostrarles cómo reparar las relaciones rotas con sus padres, sé que si buscamos el amor de nuestro Padre Celestial para resolver un problema, el problema ya está resuelto. Gracias Señor. Amén.

# Incesto

ORACIÓN POR: JEAN THOMPSON

Mi glorioso Dios y Salvador, me despierto esta brillante mañana para darte gracias, honor y toda la gloria. Eres digno de todos los elogios por cuidarme a mí, a mi familia y al mundo entero. Dios, haces todo esto porque nos amas mucho. Mi Señor, eres consistente y nunca fallas en todo lo que haces. Cuando dormimos, tú trabaja en nuestro nombre y nos hace saber que no tenemos nada que temer. Tu nombre es muy exaltado por encima de todo nombre, y eres digno por encima de cualquier cosa que podamos pedir.

Señor, estoy en la brecha orando por cada situación y circunstancia de incesto. Oro por cada hombre, mujer, niño o niña que ha tenido actos incestuosos hacia ellos. Conoces el corazón de los que sufrieron y conoces el corazón de los que los hicieron sufrir. Jehová, nuestro Redentor, entregaste tu vida para que pudiéramos vivir. A través de peligros visibles e invisibles, nos cuidas incluso a través de este mal.

Maestro, Hijo del hombre, muéstranos la luz en este mundo oscuro y lúgubre. Compartimos tu bondad con el mundo para que la gente sepa que estás esperando saber de ellos. Clamamos por la curación de los desconsolados. Clamamos por su liberación. El hombre puede engañar al hombre, pero el hombre nunca puede engañar a nuestro Dios. Emmanuel, oramos para que el incesto nunca sea una angustia que las familias tengan que soportar. Padre, quédate siempre entre nosotros. Amén.

Referencias bíblicas: Génesis 19: 32-35, 29: 16-35; Levítico 18: 7, 20: 11-21; Filipenses 3: 13-14

# Espacio valiente

ORACIÓN POR: LESLEY GEORGE

Señor, oro para que la raza humana tenga un entendimiento común entre nosotros mientras compartimos esta existencia común en la tierra. Oro para que seamos más amables el uno con el otro y ganemos comprensión de la cultura y las creencias religiosas de cada uno.

Como mujeres, oro para que nos mostremos con compasión mientras viajamos por esta vida. Hay tanta gente en la tierra, pero alguien todavía puede sentirse solo en medio. Durante esta pandemia de COVID-19, estamos practicando el distanciamiento social entre nosotros, pero esto no significa que debamos estar aislados. Velando por los miembros de la familia, los vecinos y los miembros de la familia de la iglesia muestra nuestra vulnerabilidad al cuidarlos y, al mismo tiempo, crea un espacio valiente para que confíen en nosotros. Es posible que no tengan el valor de abrir sus corazones y discutir las cosas que obstaculizan su potencial de crecimiento.

Señor, muéstranos cómo crear un espacio valiente, desde un espacio seguro, para que las mujeres se liberen del velo de la culpa y la vergüenza. Las emociones y las circunstancias pasadas a veces pueden mantenernos atrapados en el pasado y evitar que miremos hacia nuestro asombroso futuro. No es necesario que preguntemos "¿Y si?" O "¿Debería?" Padre, tenemos un propósito porque tú nos diste un propósito. Cada día es una pizarra en blanco con la que tenemos la suerte de comenzar de nuevo. Padre, ayúdanos a encontrar esperanza, creatividad y amor en abundancia cada día. Amén.

# Actitud

ORACIÓN POR: PINKIE FARMER

¡Ayúdanos, oh Dios! ¡El sentimiento incontrolable de ira es peor que un motor que suelta vapor! Nuestra liberación emocional lastima a otros verbalmente y emocionalmente. Eres el Dios Todopoderoso que puede cambiar a cualquiera de nosotros. Venimos ante ti con una necesidad desesperada de su ayuda. Te entregamos nuestra voluntad y nuestro camino. No hay nada demasiado difícil o imposible para ti. Puedes derretir nuestro corazón de piedra y hacerlo amable y adorable. Ayúdanos, oh Dios. Perdónanos por los arrebatos, las reacciones violentas y los malentendidos que hemos causado. Perdónanos por acusar, por odiar, por herir, por rechazar y por negar por ira. Perdónanos por los malos sentimientos, las actitudes duras, los celos y cualquier otro problema que causamos debido a nuestro comportamiento hacia los demás.

Lávanos en tu Espíritu, por dentro y por fuera, y límpianos. A través de su poder, esperamos y recibimos una nueva actitud. Perdonamos a los demás por todo lo que nos hicieron en el pasado, presente y futuro. Al liberarlos de estos incidentes, dejamos que tu paz more en nosotros. Son libres y nosotros también. Bendícelos con buena salud y prospere en sus esfuerzos.

Señor, te agradecemos cada día mientras permitimos que la ira desaparezca bajo tu poder. Pensamos en pensamientos pacíficos para reemplazar los pensamientos enojados. Tú guías nuestros pies y diriges nuestros pasos. Te agradecemos porque no podemos hacer esto por nuestra cuenta. Señor, eres poderoso. Gracias por ayudarnos a superar la ira en el nombre de Jesús. Amén.

# Familia

ORACIÓN POR: KEEVA DEDEWO

Querido Señor, te agradezco por el regalo de la familia y por las bendiciones que traes a las familias de todo el mundo. Oro por sus continuas bendiciones para las familias de todo el mundo, las producidas a través de linajes y las producidas por elección humana. Señor Dios, muévete dentro de cada familia y atiende sus necesidades más urgentes. Brinde sanación y perdón a las familias que están sufriendo y con dolor. Lleve la paz a las familias que están en crisis. Reúne familias dispersas. Brinde sabiduría y guía a las familias que están perdidas o confundidas. Proporciona recursos y atende las necesidades físicas y emocionales de las familias que carecen. Muévete dentro de nuestras familias. Reemplaza el odio con amor, el dolor con curación y la amargura con alegría. Restaura a las familias para que sean santuarios de amor, apoyo y comunidad.

Señor, aunque no elegimos nuestras familias biológicas, tú seleccionas a cada persona que entra en nuestras vidas para que esté allí por una razón y un propósito. Gracias por aquellos a quienes ha colocado dentro de nuestras familias. Instala matriarcas y patriarcas fuertes y piadosos dentro de las familias para proporcionar liderazgo, sabiduría y dirección a nuestros hijos. Que puedan compartir el mensaje del amor de Dios para que permee las vidas de las generaciones venideras. Envíe a sus ángeles de protección para velar por nuestros hijos y protegerlos de cualquier daño. Muestre a las madres y los padres cómo educar a sus hijos en los caminos del Señor y enséñeles cómo ser padres de manera eficaz.

Padre Dios, recuérdanos que incluso en los momentos en que nos sentimos solos o sin familia en este mundo, TÚ eres nuestro Padre y la fuente de todas las cosas buenas. Confiamos en que tu satisfará TODAS nuestras necesidades y nos brindará apoyo familiar aquí en esta tierra. Que nuestras familias estén centradas y cimentadas en el amor eterno e inagotable que proviene de conocerte personalmente, de verdad e íntimamente. Amén.

# Pastores

ORACIÓN POR: ZANDER ALLEN

Padre Dios, vengo ante ti pidiéndote que protejas a los pastores. Sea una cerca alrededor de ellos y protéjalos. Oro para que guardes a tus pastores en justicia. Dales mentes fuertes para luchar contra la tentación por todas partes. Señor, confío en ti porque eres el Dios viviente, y si hay lobos con piel de oveja, que se revele. Es muy difícil encontrar a los pastores adecuados que realmente estén haciendo la obra de Dios. Padre. Déjelos que estén quietos y que te escuchen en voz baja. Déjalos ver toda la bondad que pones en ellos. Padre, todos tenemos que hacerlo bien contigo. Abre nuestros oídos, nuestro corazón y nuestra mente, aleluya. Muestre a sus pastores que estás de su lado y que ellos no están solos.

Padre, oro para que la boca de tus pastores se llene del Espíritu en su predicación desde el púlpito. Sea fiel en la predicación de la palabra de Dios a tu pueblo, aleluya, bendiga tu nombre. Padre Dios, oro para que tus pastores tengan paciencia y gracia con todas las personas. Oro para que sus pastores creen un ambiente acogedor en la iglesia y muestren amor. Deje que el liderazgo, la visión y los servicios de sus pastores estén de acuerdo con su voluntad. Dios Padre, alabo tu santo nombre. Amén.

Referencias bíblicas: Mateo 7:15; I Corintios 10:13; Deuteronomio 31:6

# Desamparo

ORACIÓN POR: WANDA WRIGHT

Querido Dios, vengo con mis manos en alto, orando por las personas sin hogar en todo el mundo. Guíelos a un lugar seguro y consuélelos. Abre las puertas para ellos. Protégelos de todo peligro. Haga posible que lleguen a los lugares correctos para que alguien pueda ayudarlos. Abre los corazones de todos los que puedan ayudarlos. Déjalos sentir tu presencia. Oro por compasión y misericordia para todas las personas que tienen que enfrentar estos tiempos difíciles. Dijiste que eres un Dios misericordioso. Sé que tienes el poder de cambiar todas las cosas. Doy un paso en la fe y oro por todas las personas sin hogar. Dios Padre, te pido que los veas a través de su dificultad. Amén.

# Miedo

ORACIÓN POR: JESSICA FRANCOIS JOHNSON

¡Gracias Jesús! ¡Aleluya! Señor Padre Dios, vengo a ti con valentía para pedirte que liberes a todos los que tratan con el espíritu de miedo. Padre, tu palabra nos dice que no nos has dado un espíritu de miedo, sino de amor, poder y una mente sana. Oh Dios, sabemos que no nos has dado un espíritu de miedo porque quieres que hagamos las cosas con fe. Te pido que toques nuestras mentes para que podamos hacer todo lo que nos has llamado a hacer en el nombre de Jesús. Oh Dios, sabemos que el espíritu no es más que obra del diablo para poner en nuestras mentes que no seremos efectivos para hacer cosas por tu Reino. Padre, te clamo por tu pueblo. Ato ese espíritu de miedo en el nombre de Jesús porque nos has dado poder, amor y una mente sana.

Señor Dios, necesitamos tu ayuda hoy en estos tiempos difíciles. No podemos hacer nada sin ti. Ruego a la sangre de Jesús, oh Dios, que sigas ayudándonos. Mantennos cubiertos bajo tu preciosa sangre. Te agradezco por darme un corazón para seguir adelante y avanzar ... incluso cuando ese espíritu me preocupa. Señor Dios, suelta a tus ángeles para que peleen por nosotros para que salgamos victoriosos. SEÑOR, tú eres exaltado. Puse toda mi confianza en ti porque dijiste que le das a tus ángeles el cargo de nosotros. Gracias por ser un buen padre. Tú nos hiciste, sabes todo sobre nosotros y sabes todo lo que se nos presenta. Te esperamos para todo. Amén.

Referencias bíblicas: Salmo 91: 14-16

# Disfunción familiar

ORACIÓN POR: APÓSTOL DINA HUBERT

Padre, primero quiero agradecerle por sanarme del cáncer de colon en etapa cuatro en el nombre de Jesús. Te doy toda la gloria, honor y alabanza por mostrarte poderoso y fuerte, pero Padre, ahora estoy en la brecha por los cientos de personas que han sido diagnosticadas con cáncer de colon. Oro para que sus corazones y mentes, Padre, no entren en pánico. Señor, envía tu consuelo y asegúrales que eres Jehová-Rapha, nuestro Sanador. Contigo, nada es imposible para los que creen, y nada, absolutamente nada, es demasiado difícil para ti. Padre, oro para que estés con ellos a través de un proceso que puede ser tan aterrador y abrumador. Oro para que esté con ellos durante sus operaciones. Oro para que les dé claridad a la hora de decidir si elegir quimioterapia, radiación o ambas. Señor, esté allí para cancelar las voces de miedo y el enemigo que les dice de su muerte inminente en el nombre de Jesús.

Oro para que estés con ellos cuando pierdan el cabello y les asegures cómo están hechos de manera maravillosa. Guíalos a los médicos adecuados que los educaran sobre todas las opciones que tienen para combatir esta terrible enfermedad en el nombre de Jesús. Señor, fortalece a sus seres queridos que tienen que soportar el proceso con ellos. Anime a las esposas y esposos a lidiar con sus propias emociones al mismo tiempo que deben apoyar a sus cónyuges que fueron diagnosticados. Oro para que fortalezcan a sus familias y amigos como sistemas de apoyo para cada paciente con cáncer de colon en el nombre de Jesús.

Oro para que la conciencia y la detección temprana se extiendan rápidamente. I Ore para que la gente escuche a sus cuerpos y se revisen cuando vean que su salud se deteriora. Oro para que las escuelas y las iglesias consideren necesario educar sobre los signos y síntomas del cáncer de colon en el nombre de Jesús. Oro para que guíes a tus sirvientes a los hospitales y ministres a los pacientes con cáncer, asegurándose que con tus llagas ya están curados. Oro para que su esperanza y amor se extienda a cada paciente que encuentran, algunos de los cuales no tienen familiares o amigos que los visiten. ¡Oro y creo que algún día liberarás una cura para todos los cánceres en el nombre de Jesús!

# Emprendedores
ORACIÓN POR: PASTORA RHONDA BOLDEN

Padre, en el nombre de Jesús, ¡te agradezco por cada emprendedor del norte, sur, este y oeste! Te agradezco por su tenacidad al negarse a darse por vencidos cuando el negocio va lento, pero ahora los declaro y los decreto libres de deudas y libres de estrés. Sus negocios son bendecidos, sus familias son bendecidas, sus trabajadores son bendecidos y sus clientes son ricos y bendecidos porque eligen hacer negocios con ellos.

¡Se están firmando nuevos contratos, se están agregando nuevos territorios a sus listas y se están estableciendo relaciones comerciales ahora! Ya no experimentarán tiempos de disminución, pero conocerán el AUMENTO en el nombre de Jesús. Señor, sabemos que uno puede plantar y otro riega, pero tú, oh Dios, eres el único que puede producir crecimiento. Que sus negocios sean una bendición para millones de personas que necesitan lo que tienen. Deja que tu favor abra puertas de oportunidad que están cerradas. Al tocar los corazones de los hombres, deje que prevalezcan nuevas oportunidades.

Señor, oramos por las nuevas conexiones y asociaciones divinas de los emprendedores con organizaciones y gurús de negocios exitosos para que puedan lanzar eventos, programas y productos para ayudar a otros a convertirse en emprendedores y hacer negocios para tu gloria. ¡ agradecemos la creación de nuevos puestos de trabajo a partir de nuevos negocios que surgirán de nuevas asociaciones comerciales! Señor Jesús, en tu Palabra nos dijiste que estuviéramos ocupados hasta que tú vengas, así que oró para que un espíritu empresarial comience a levantar a muchos en todo el país. Que creen legados para sus familias y aumenten su aprendizaje a través de los libros. Así que ahora, decreto y Hablo sobre el nacimiento de magnates empresariales en el sector inmobiliario, el diseño de moda, la industria del automóvil, la tecnología, el marketing, el diseño gráfico, la industria editorial literaria, la industria de Internet y la producción de televisión.

Señor, te agradecemos ahora que el dinero ya no es un problema en la vida de los empresarios aspirantes y actuales nunca más. Tendrán todo lo que necesitan para hacer todo lo que tú descargaste divinamente en su espíritu para hacer con facilidad. Son imanes de dinero poderosos y masivos en el poderoso nombre de Jesús, y así es.

Referencia bíblica: Lucas 19:13

# Pérdida

ORACIÓN POR: ALLISON WILLIAMS

Querido Dios, te agradecemos por la promesa de que incluso cuando estemos tristes o afligidos, con el tiempo, la alegría llegará. Padre, reconocemos que la pérdida es una parte inevitable de nuestras vidas y todos la experimentamos de una forma u otra. Algunos de nosotros hemos perdido trabajos o posesiones materiales, y algunos de nosotros estamos lidiando con la devastadora pérdida de alguien a quien amamos. Estas experiencias pueden provocar sentimientos de resentimiento, dolor, confusión y angustia. Señor, en nuestros momentos más bajos, ayúdanos a encontrar la paz en medio de la tormenta. Cuando nos encontremos en un estado de desesperación, levantaremos nuestras manos y nuestras circunstancias hacia ti como señal de entrega. No como un acto de rendición, sino para dárselo todo a ti para que puedas trabajar en nuestro nombre.

Padre, danos un cambio en nuestras mentes y perspectivas. Ayúdanos a darnos cuenta de que aunque nuestra pérdida es difícil o incluso dolorosa, nuestra capacidad para sanar y crecer depende de cómo la veamos. Cuando queramos cerrar, recuérdenos que nuestras dificultades no son solo sucesos, sino que de hecho son parte de nuestro proceso. Dios, reconocemos que la pérdida puede ser devastadora. Admitimos que, muchas veces, nos resistimos cuando permites que las cosas que queremos o amamos nos sean arrebatadas. Con nuestra percepción limitada, nos cuesta ver que hay lugares a los que quieres llevarnos y cosas que quieres hacer en nuestras vidas que requieren algún tipo de pérdida y que a veces tenemos que dejar ir para recibir más de ti. . Cambie nuestro enfoque de la pérdida y bríndanos ojos nuevos para ver y apreciar las ganancias que surgen de nuestra pérdida. A pesar de nuestro dolor, hoy elegimos poner nuestra confianza en el Dios que es más grande que cualquier dificultad que podamos enfrentar. Ayúdanos a aceptar

tu voluntad, incluso cuando no la entendamos. Cuando estemos doblados y cerca de rompernos, cultive en nosotros una fuerza que no sabíamos que teníamos. Forme a través de nuestras pruebas y convierta nuestras pruebas en testimonios para alguien más que pueda estar luchando. Danos belleza en lugar de cenizas, alegría en lugar de lágrimas y alabanza en lugar de desesperación. Amén.

Referencia bíblica: Salmo 30: 5, Isaías 61: 3

# La violencia armada

ORACIÓN POR: PASTOR RACHELE A. DIXIE

Santo Dios, tu palabra nos llama a amar a nuestro prójimo como a nosotros mismos. En este día Señor, hemos visto demasiados tiroteos contra nuestros hermanos y hermanas. En el nombre de Jesús, atamos el espíritu del mundo que hace que la gente justifique este comportamiento, oh Dios. Oramos para que los pensamientos de aquellos que racionalizan la violencia armada se conviertan de malos pensamientos en buenos pensamientos. Restaure la mente de Cristo a su pueblo, una mente que represente compasión, amor y paz. Estamos perdiendo demasiada gente a causa de los tiroteos. Estamos viendo vidas, desde bebés hasta ancianos, afectadas negativamente, tocadas por la muerte o lesiones debilitantes a largo plazo. Dios, llamaste a tu gente a orar y lo hacemos ahora mismo.

Deje que nuestra voz sea escuchada y ayúdenos a hacer cosas que detengan la violencia armada. Ayúdanos a crear defensores que no retrocedan cuando las voces malignas intentan combatirlos. Genere esperanza para todos los que se han visto afectados por los tiroteos. Ayúdalos a saber que tú eres el Dios que tiene el plan perfecto. Ayúdanos a rendirnos a ese plan y confiar en ti a través de las tormentas. La violencia con armas de fuego contra tu pueblo debe ser apagada y nosotros, como tu pueblo, continuaremos superando los trucos del enemigo. Señor, tú tienes el control de todas las cosas. Por lo tanto, renunciamos a la violencia armada AHORA MISMO. Hablamos de amor por nuestras familias, nuestros vecinos y nuestro país en pensamiento, palabra y obra en el nombre de Jesús. Amén.

# Violación

ORACIÓN POR: JUANITA WALTERS

**85**
ORACIÓN

Padre, vengo orando por el corazón, la mente, el cuerpo y el espíritu de cada individuo que ha sido violado sexualmente. Oro para que restaure, reconstruya, eleve y les recuerde que los ama. Oro para que elimines su vergüenza, sanes su dolor, restaures su reputación y reivindiques su honor. Padre, ayúdelos a entender que tu tienes el poder de reparar y sanar los pedazos rotos de sus vidas que resultaron de la agresión sexual. Oro para que envíes al Espíritu Santo para consolarlos durante esos momentos en que caen sus lágrimas, cuando vienen los flashbacks y cuando sus emociones los abruman. Padre, protégelos de los espíritus de depresión, opresión, vergüenza, culpa, desesperanza, miedo, inseguridad, lujuria, perversión sexual, falta de perdón y todos los espíritus inmundos que tratan de ponerlos en cautiverio.

Padre, libéralos de la esclavitud. Destruye las cadenas y yugos que vienen a obstaculizar el poder de tu curación. Ayúdalos, Padre, a perdonar a los que violaron su cuerpo y su mente. Ayúdalos a amarse a sí mismos y verse a sí mismos a través de tus ojos. Ayúdalos a usar sus voces y testimonios para hablar de la vida y empoderar a otros. Padre, ayúdalos a acercarse a ti estudiando y meditando en tu palabra. Oro para que tengan la paz que sobrepasa todo entendimiento en medio de sus pruebas y tribulaciones. Recuérdales que todas las cosas funcionan juntas para su bien y que tú las entregarás.

Referencias bíblicas: Jeremías 31:3-4 30:17; Éxodo 15:26; Salmo 147:2, 103:2-3; Mateo 11:28-29; 1 Pedro 2:24; Marcos 5:34; Isaías 54:17, 35:4; Romanos 5:3-4

# Universo

ORACIÓN POR: LINDA M. JOHNSON

Señor, oro por el universo y toda la creación.

Tú eres el único Dios vivo verdadero
Planeta tierra estratégicamente ubicada entre los demás en la galaxia.

El sol brillante, la luz de la luna mística y las estrellas que brillan tan brillantes

De Jehová es la tierra y su plenitud, y los que en ella habitan; Señor, tú lo fundaste sobre los mares y lo estableciste sobre las inundaciones

Oh Dios del cielo, el universo te está clamando, desesperado por una cura de esta pandemia Señor, oro por el mundo entero, Asia, África, Australia, Antártida, América del Norte, América del Sur y Europa. Para cada país, estado, ciudad, pueblo, y comunidad.

Señor, bendice el universo, desde cada ladera de la montaña y todo lo que existe en el fondo del paraíso, hasta cada río que fluye y cada océano que has formado, y en todos los lugares donde existe la raza humana en esta tierra, y trae la paz y la tranquilidad que calma los mares embravecidos.

Oh Señor. Señor nuestro, cuán glorioso es tu nombre en toda la tierra. Esta es mi oración por el universo de cada mujer, niña, hombre y niño de cada raza, color, credo y lengua diversa.

Esta es mi oración Señor: que permitas que cada creyente que reclama la salvación tome la autoridad que Dios le ha dado para hacer como Jesucristo. Hizo cuando recorrió todas las ciudades y aldeas sanando enfermos, resucitando muertos y liberando a los cautivos; haremos obras aún mayores. Dios, dijiste en tu palabra que si hablamos de esa montaña de preocupación, duda, miedo, enfermedad, abuso sexual, abuso verbal y pobreza, se moverá.

Esta es mi oración: que sanes el universo. Esta pandemia de coronavirus / COVID19 vino para destruir a la humanidad, pero tú eres el que sostiene al gorrión, eres el que nos apoya. Ayúdanos a permanecer fuertes y resistentes, confiando totalmente en ti mientras clamamos: santo, santo, santo, Señor Dios Todopoderoso, el Creador del universo, el único Dios sabio, que envió a tu Hijo unigénito. Jesús es la luz del mundo y quiere que dejemos brillar nuestra luz. Esta es la oración que rezo por el universo.

Referencia bíblica: 2 Crónicas 7:14

# Visión

ORACIÓN POR: DAWN HILL

Padre Dios, en el nombre de Jesús, vengo hoy en nombre de tu pueblo. Oro en nombre de todos los que están física y espiritualmente ciegos. Señor, tu gente está mirando y codiciando cosas que no son tuyas, y haciendo que sus ojos y espíritus se vuelvan ciegos a tu luz y a tu camino. Tu gente está enfocando sus ojos en las cosas mundanas y en la vida impía. Por favor, ayude a aquellos que ni siquiera se dan cuenta de que están cegados. Padre, te invoco en el nombre de Jesús porque solo tú puedes curar a los ciegos. Por favor, toque sus corazones y restaure sus espíritus para que sean recipientes limpios para ser usados por ti. Oh Dios, quita las escamas de sus ojos para que no caminen en la oscuridad, sino en tu luz y gloria. Te pido nuevamente, Dios Padre, que les quites las escamas de los ojos y que les permitas encontrar y caminar por el camino que tú creaste para ellos. Limpialos, porque dices que no morarás en un templo inmundo. Te pido que le devuelvas la vista de la ceguera espiritual.

Oro por los que están físicamente ciegos. Te pido que los fortalezcas. No saben si su condición es permanente o temporal, pero Dios, ayúdalos a entender que no cometes errores. Ayúdelos a darse cuenta de que no son menos amados que los que tienen vista. Amas y cuidas a todos tus hijos. Ayúdelos a comprender el plan que estableció para sus vidas. Ayúdelos a comprender que, a través de ti, pueden hacer cualquier cosa que se propongan. Ayúdeles a saber que todavía pueden ser utilizados. Señor, fortalécelos para que no caigan en depresión. Fortalécelos para que vivan sus vidas con gozo y paz. Te agradecemos de antemano por la curación y por restaurar nuestra visión, y por permitirnos glorificar tu nombre. ¡Amén!

Referencia bíblica: Juan 12:40; Salmo 146: 8

# Aflicciones

ORACIÓN POR: DESRENE OGILVIE

Muy justo Padre Dios celestial y Creador de todo ser viviente, nos presentamos confiadamente ante tu trono de gracia, pidiéndote que tengas misericordia de tus hijos. Te pedimos que nos liberes de todas nuestras aflicciones. Papá Dios, nos creaste a tu propia imagen y semejanza, y nos diste el aliento de vida para convertirnos en un alma viviente. Tu creación más preciada fue diseñada para ser perfecta y sin enfermedades. Nuestros antepasados cedieron a la tentación y su desobediencia a tus mandatos permitió que el pecado entrara al mundo. Nuestros cuerpos inmortales se volvieron mortales y nuestra carne conoce el dolor, el sufrimiento y la aflicción. Nacimos en pecado y formamos en iniquidad, pero Dios te damos gracias por enviar a tu Hijo Jesús a sufrir y morir por nuestras aflicciones. Dijiste que fue herido por nuestras rebeliones y molido por nuestras iniquidades. El castigo de nuestra paz fue sobre él, y con sus llagas fuimos sanados. Padre, nos apoyamos en esa palabra y creemos que tu Palabra no puede volver a ti vacía.

Dijiste que tendríamos aflicciones en nuestros cuerpos. Aunque podamos ser golpeados y magullados física, mental y emocionalmente, le entregamos nuestras aflicciones. Dios, aunque el dolor a veces parece insoportable, solo tú eres nuestro bálsamo en Galaad. Eres nuestra paz en medio de la tormenta, eres nuestra fuerza, nuestro hacha de batalla, nuestro Consejero Maravilloso y nuestro Gran Médico. Dios, no hay nada de lo que no puedas curarnos o aliviar el dolor. Señor, te agradecemos por soportar el aplastamiento y los moretones por nosotros. Nuestras aflicciones pueden herirnos, pero dijiste que nos librarías de todas ellas, y ni una sola de ellas nuestros huesos se romperían. Incluso si decides sacarnos de esta carne, nuestros espíritus se liberarán. No más dolor y sufrimiento porque hemos sido injertados en el cuerpo del Jesús resucitado, y viviremos felices en la paz y el gozo del cielo para siempre. Amén y amén.

Referencia bíblica: Salmos 34: 17-20

# Cuerpo de Cristo

ORACIÓN POR: KENDRA RENEE' MANIGAULT

Señor, oro por el cuerpo de Cristo en toda esta tierra. Eres la cabeza de nuestras vidas. Con fe, oró para que estemos en el Espíritu de unidad. Oro para que nos amemos unos a otros como se nos ha ordenado amar. Necesitamos amar desde dentro de la abundancia de nuestro corazón.

Dios, mi oración es que nos mantengas continuamente cubiertos bajo la sangre de Jesús. Padre, guárdanos día a día mientras permanecemos en ti y tú permaneces en nosotros. Tú eres la vid y nosotros las ramas. Mantennos conectados contigo Señor, mantennos conectados para que no nos extraviamos. ¡Señor, vela por el cuerpo de Cristo! Mantennos juntos y como uno, sin celos ni envidia entre nosotros. Oro para que el cuerpo de Cristo actúe como uno solo porque todos somos miembros de este cuerpo. Los miembros son muchos, y aunque somos muchos, somos como uno. No pelearemos entre nosotros en el reino espiritual, pero haremos todas las cosas con decencia y en orden.

Somos el cuerpo de Cristo, y por un solo Espíritu somos todos bautizados en un cuerpo. Seamos judíos o gentiles, esclavos o libres; somos uno. Cuando un miembro sufre, todos los miembros sufren con él. Cuando un miembro es honrado, todos los miembros se regocijan con él. Somos miembros de tu cuerpo, tu carne y tus huesos. Somos el cuerpo de Cristo y estamos aquí para complacerte Señor. ¡Amén!

Referencias bíblicas: Romanos 12:5; 1 Corintios 12:27; Efesios 4:5, 5:30

# Prostitución

ORACIÓN POR: CELESTINE CISSE

Padre, en el nombre de Jesús, te damos gracias por darnos las llaves del Reino de los cielos. Atamos, saqueamos y echamos fuera principados, potestades, los gobernantes de las tinieblas de este mundo y la operación de la maldad espiritual en los lugares altos. Gracias por hacer que su gente en la tierra se dirija al cielo. Padre, líbranos del espíritu de prostitución. En el nombre de Jesús, rompe todo lazo que afecte sus almas para peor. Hablamos con cada poder demoníaco que se ha aprovechado de ellos. Oramos contra todo espíritu sexualmente impuro en sus vidas. Por tu sangre derramada en la cruz del Calvario, y por tu maravilloso nombre, renunciamos a todos los lazos del alma demoníacos conocidos y desconocidos. Padre, limpia por completo y haz libre por el derramamiento de estas palabras. Libera hoy en adelante y libra las almas de las obras de la carne. Satanás, tú y todos tus principados, potestades y espíritus maestros que gobiernan las tinieblas en los lugares altos, están encadenados. Señor, suelta el Espíritu de santidad y santificación en el nombre de Jesús. Fortalece y refuerza a tus hijos con el gran poder del Espíritu Santo que vive y habita en ellos. Ayúdalos a sacar tu fuerza para que puedan vivir libres de ataduras.

Padre, levanta la bandera del Espíritu Santo contra todo espíritu de prostitución y contaminación sexual. En el nombre de Jesús, todo espíritu seductor que sigue sus vidas está atado y todo espíritu de abuso sexual es destruido. Ninguna arma de prostitución que se forme prosperará y toda lengua demoníaca de prostitución será condenada. Fuego del Espíritu Santo, purga sus vidas en nombre de

Jesús. Quema toda fuerza maligna y poder satánico que cause deseos lujuriosos en los hijos de Dios. Son liberados porque invocan el nombre del Señor como está escrito en tu palabra. Señor, te alabamos por tu liberación, y tus hijos confiesan tu unción y transformación sobre ellos. Gracias por su limpieza y perdón en el nombre de Jesús. Amén.

Referencias bíblicas: Romanos 3:23; Efesios 3: 20-21

# Estrés emocional

ORACIÓN POR: SHARON FRANK

Padre Eterno, tu vez nuestros corazones y comprendes nuestras dificultades. No estamos en reposo, pero te buscamos durante este período de dolor. Te buscamos porque eres nuestro refugio y fortaleza, una ayuda siempre presente en los problemas. Tu nombre es una torre fuerte donde podemos escondernos y estar seguros. Padre, ayúdanos a recuperar el control de nuestras emociones. Ayúdanos para que no estemos más afligidos, porque el gozo del Señor será nuestra fuerza. No queremos depender de nosotros mismos. Queremos contar contigo. Te amamos Señor porque eres nuestra fuerza. Tú eres nuestra roca, nuestra fortaleza y nuestro Salvador en quien encontramos protección. Señor, pedimos disciplina sobre nuestras emociones para que no nos mantengan en cautiverio. Te agradecemos de antemano por ser nuestro escudo, el poder que nos salva y nuestro lugar seguro. ¡Declaramos que en ti, ya no estamos angustiados porque eres nuestra Roca, nuestra fortaleza y nuestro Libertador! Seremos salvados de la angustia mental y emocional porque sabemos que tenemos la victoria en Jesús.

La batalla es dura, pero tu Palabra dice que todas las cosas obran juntas para el bien de los que te aman, para los que son llamados de acuerdo con tu propósito. El adversario puede pensar que esta guerra nos mantendrá atados, pero Señor, creemos en el poder de tu Palabra. ¡Elegimos caminar en tu poder y tu autoridad! Padre, podemos hacer todas las cosas a través de ti que nos fortalece, ¡podemos superar la angustia a través de ti! Entendemos esta temporada de pruebas, pero esta prueba que nos ha superado es común a todos. Eres fiel y no dejarás que seamos probados más allá de nuestras fuerzas, pero con la prueba, también proveras la salida para que podamos aguantar.

¡Eso! Precioso Señor, por favor condúcenos hacia la salida, por favor guíanos hacia la paz que nuestras almas anhelan. Padre, te damos gracias por la sanidad y la liberación divina de la angustia. Amén.

Referencias bíblicas: Salmo 46: 1, 18: 1-2; Proverbios 18:10; Nehemías 8:10; 2 Samuel 22: 2; Romanos 8:28; filipenses 4:13

# Salud mental

ORACIÓN POR: VIDA WILLIAMS

Dios Padre, dijiste que si te invocamos, responderías. Vengo a ti en busca de respuestas y liberación. A medida que viajamos por las carreteras y caminos accidentados de la vida en este viaje de la vida, enfrentamos muchos desafíos. Nos vemos obligados a tomar decisiones difíciles. A veces es difícil distinguir la izquierda de la derecha y la derecha de la incorrecta. Nuestro proceso de tomar decisiones se ve desafiado y nos confundimos. Durante esos momentos, nos dijo que lo miráramos porque serías tu quien lideraría el camino. Te agradecemos porque eres la fuente de nuestro conocimiento y fortaleza. Dios, nos proporcionaste los mejores y más confiables ingresos: tu Palabra. Durante tiempos de angustia, podemos tener una ausencia de juicio y discernimiento. Dios, es por nuestra debilidad que acudimos a ti en busca de sanidad, esperanza y bienestar mental y espiritual. Te damos las gracias porque siempre estás aquí. Con nuestra fe, guíanos y protégenos contra los peligros visibles y no visibles.

Señor, danos el discernimiento y el amor para ayudar a otros que podrían haber perdido el camino en sus pensamientos. Muéstranos cómo no juzgar a nuestro prójimo. Muéstranos cómo usar nuestras enseñanzas cristianas y estudios bíblicos para ser más sensibles a los demás. Tu Hijo Jesús mostró total compasión al morir en la cruz por nosotros. Debemos seguir su compasión y amor por los demás. Amén.

# Iglesias

ORACIÓN POR: APÓSTOL LYDIA WOODSON-SLOLEY

Padre, venimos ante tu trono de gracia con respecto a tu iglesia, la iglesia de Jesucristo en la tierra. SEÑOR, te pedimos que escudriñas los corazones de tus ministros, todo evangelista, todo maestro, todo predicador, todo profeta, todo apóstol de los cinco ministerios y todos los que se sientan en la congregación. SEÑOR, sabemos que en el nombre de Jesús se doblará toda rodilla de los que están en el cielo, y en la tierra, y debajo de la tierra. Te pedimos tu continua gracia y misericordia sobre nuestras vidas mientras entregamos nuestra voluntad para caminar rectamente ante ti.

SEÑOR, despierta un "santo estado de alerta" en tu iglesia durante estos tiempos difíciles. Deja que aquellos que hablan tu evangelio vivan de acuerdo con lo que dicen creer. Que sean ejemplos no solo en el púlpito, sino en sus hogares cuando nadie esté mirando. SEÑOR, mientras sacudes a las naciones, levanta tu santa nación, la iglesia, con la guía de tu Espíritu Santo en tu camino de justicia durante estos tiempos finales. Señor, solo tú puedes separar las ovejas de las cabras y el trigo de la cizaña. Levanta al remanente justo que continúa levantando el estandarte manchado de sangre y camina en tu gran poder en el incomparable nombre de JESÚS. Amén.

Referencias bíblicas: Hechos 20:28; Filipenses 2:10

# Resentimieno

ORACIÓN POR: NINA D. BROWN

Señor, pedimos tu reivindicación, ¿no escuchaste nuestros gritos? A medida que la ira y la venganza se han convertido en nuestros nuevos justificadores, mientra nosotros protejamos nuestros corazones matan a todos los que se acercan demasiado. Sin embargo, cada día forma incomodidad, ya que justificó nuestra búsqueda para alinearnos con la amargura y el resentimiento de nuestros protectores.

Decidimos que esperar se convirtió en causa y efecto, fue nuestra promesa de que nunca volvería a suceder. Protegiendo nuestro espacio era nuestro único propósito para asegurar la victoria. Sin embargo, la angustia y la desesperación se han apoderado de nosotros mientras perdíamos nuestras fuerzas para luchar, así que una vez más lloramos por el consuelo que alguna vez tuvimos.

Oh Señor, enséñanos a entender por qué perdimos la paz; defiéndenos y líbranos de esta aflicción sobre nosotros. Danos otra oportunidad de escapar de esta matanza de nuestras almas. Líbranos de esta aflicción que continúa consumiendo nuestras almas y matando nuestros espíritus de regreso a la falsedad de donde vino.

Perdónanos por nuestras iniquidades y dirige nuestros pasos para perdonar a nuestros enemigos. Por favor, convierta esta aflicción en afirmación y este dolor en propósito. Esta incomodidad y dolor anhela ganar nuestras almas pero te entregamos lo que nos fue dado. Nuestra Roca y nuestro escudo, nos das otra oportunidad de postrarnos a tus pies y entregarlo todo a ti. Nuestra aflicción estaba destinada a destruirnos. Tráenos de vuelta a ti rotos, pero no destruidos. Revivanos una vez más, oh Señor. Amén.
Referencia bíblica: Efesios 4:31-32

# Mujer maltratada

ORACIÓN POR: BILLIE OGLESBY

Padre, en el nombre de Jesús, gracias por el espíritu del valiente conquistador del abuso sexual infantil. A pesar de lo arraigado que ha soportado, todavía está de pie. Hablo a todos los lugares de su vida que han sido violados. Padre, rezo contra los sentimientos perpetuos de culpa, vergüenza y culpa propia. Ato esos sentimientos ahora mismo en el incomparable nombre de Jesús. Pierdo una nueva sensación de paz, libertad, integridad y valentía.

La pregunta de "¿Por qué?" ya no atormentará su mente. Decreto que ella ocupará el lugar de la plenitud. ¡Declaro que incluso el abuso pasado le beneficiará a ella y a tu gloria en el poderoso nombre de Jesús! La pesadez del secreto ya no existe. Incluso en este trauma, Dios, cumplirás tu promesa de sanidad. ¡Lo estoy esperando y así es! La depresión y la tristeza dejarán de existir. Decreto y declaro que ella no pondrá una excusa para amargarse y sabotear sus bendiciones. Dios Padre, no permitas que su pasado la atormenta porque es libre en el poderoso nombre de Jesús. ¡Tú eres Jehová-Rophe, el Dios que sana, y creemos que es así!

Padre Dios, que sanes a esta conquistadora para que se convierta en una embajadora de cambio, coraje y esperanza para otros que experimentaron las cicatrices físicas, mentales y emocionales del abuso sexual infantil. ¡Que a su debido tiempo, sea inducida a testificar de su curación y liberación! Que surjan conquistadores en cada nación para exponer el abuso sexual infantil y hacer justicia. Nosotros Somos agentes de cambio diseñados para cambiar el paradigma del quebrantamiento a la integridad en el poderoso nombre de Jesús.

El abuso sexual es un ataque del enemigo diseñado para robar nuestras identidades de nacimiento y crear males sociales como el embarazo en la adolescencia, las adicciones y la promiscuidad sexual. Tú nos creaste para prosperar y gozar de buena salud, al igual que nuestras almas prosperan. Que la curación mental y emocional sea la porción de este conquistador. Que se levante de las cenizas de su pasado y camine con valentía hacia su destino como una nueva creación en Cristo. Permite que su vida sea un cuadro de belleza y santidad. Enséñele a amar y a confiar. Que ella también perdone a su depredador y a otros responsables de su dolor en el poderoso nombre de Jesús, oramos. Amén.

Referencias bíblicas: Isaías 61:1-3; Romanos 8:28; Jeremías 29:11; 3 Juan 1:2

# Creencia

ORACIÓN POR: PATRICIA ETHEAH

Padre, al principio creaste al hombre con capacidad de liderazgo y determinación para procrear. Se enfrentan a los desafíos de la vida y encuentran formas de ser proveedores para sus familias y para ellos mismos. En el nombre de Jesús, los puso en posición y les confió el glorioso llamado de proteger y cuidar a sus familias. Bríndeles comprensión y aprecio por el trabajo que están llamados a hacer y por los muchos sombreros que están llamados a usar. Señor, dales la capacidad de protegerse de las preocupaciones de este mundo que interfieren con tu plan y propósito elegido para ellos. Saben que la vida es un don maravilloso del que se apropian para dar fuerza a las familias.

En la autoridad del Señor Jesucristo, hablamos contra el hombre fuerte que pelea con los hombres y sus familias. Desechamos el espíritu de pobreza, carencia, codicia, egoísmo, pasividad y procrastinación sobre todos los hombres en el nombre de Jesús. Ningún arma forjada contra su vocación prosperará. Son valientes hombres de riquezas, honor, sabiduría, fuerza, y las bendiciones de Dios los alcanzan. Declaramos que el Espíritu Santo de gozo, paz y amor sea derramado sobre todos los hombres. Señor, fortalece su hombre interior y restaura todas las cosas que les han sido robadas en el nombre de Jesús.

Padre, siempre serás el primero en sus vidas mientras trabajan como cobertura espiritual para sus familias. Como hombres de Dios, vivirán de acuerdo a tu palabra y te servirán a diario, cumpliendo la vida abundante de sus familias en bondad y amor. Tu palabra dice que un hombre es bendecido cuando te temen y se deleitan mucho en tus mandamientos. Ayúdalos a permanecer fieles en la oración. Incluso cuando surgen dificultades, miran al Autor y Consumador de su fe. Señor, están de acuerdo contigo; ellos creen en tu palabra y esperan pacientemente tu dirección. Cuando los hombres se deleiten en ti, sus descendientes se levantarán y serán llamados bienaventurados. La riquezas están en sus hogares en el nombre de Jesús, amén.

Referencia bíblica: Salmo 112:1

# Mintiendo

ORACIÓN POR: GLORIA FONDJO

Querido Padre, pedimos disculpas por todas las veces que abandonamos tu nombre. Contamos mentiras tantas veces que se volvió normal para nosotros. No recordamos que al hacerlo, te faltamos el respeto. Padre, ayúdanos a aceptar la verdad y decir la verdad todo el tiempo. Como nuestras mentes están programadas para complacer a los demás, a veces incluso mintiendo para hacerlo, ayúdanos a recordar que no tenemos nada que demostrarle a este mundo. Eres el único al que queremos complacer. Dejemos que el Espíritu Santo esté en nuestras mentes y corazones en todo momento para recordarnos que debemos permanecer fieles a quienes somos. Ayúdanos a recordar que nunca debemos cambiarnos a nosotros mismos para ajustarnos a las dimensiones de este mundo. Ayúdanos a recordar que si mentimos, no te agradamos y lastimamos a quienes amamos.

Señor, venimos ante ti y te pedimos que nos ayudes a ser mejores representantes de tu Reino en la tierra. Que nos enorgullezcamos de decir la verdad, sin importar cuán dura sea. Que favorezcamos los valores verdaderos y nunca nos avergoncemos de nuestros errores. Padre, como tus siervos, te pedimos que ayudes a que nuestro corazón sea puro para aceptar la verdad de los demás también. Sin juzgar ni criticar, que aprendamos a respetar a quienes dicen la verdad, incluso cuando tengan razones para no hacerlo. Abba, Padre, te agradecemos por inspirarnos todos los días a crear vidas cristianas llenas de gracia a partir de la verdad de tu Palabra y, lo más importante, de la verdad en nuestros corazones. En el nombre de Jesús, amén.

Referencia bíblica: Proverbios 12:22

# Appreciation

ORACIÓN POR: ANTIONETTE LESLIE-HOLLAND

Misericordioso Padre que estás en los cielos, solo quiero darte las gracias por lo que has hecho en nuestras vidas. Si no hubiera sido por ti, tu misericordia y tu gracia, ¿dónde estaríamos? Estamos agradecidos por nuestra salud y fortaleza. Te damos gracias por muchas bendiciones conocidas y bendiciones por venir. Tú derramas bendiciones sobre nosotros todos los días. Dios Padre, no tienes favoritismo con las personas porque nos amas a todos. Te agradecemos la provisión de refugio, comida y ropa. No somos dueños de nada en este mundo, así que todo lo proporcionas tú. Señor, nos dijiste que pidiéramos y se te dará. Sabemos que es posible que no siempre recibamos los deseos de nuestro corazón, pero confiamos en que tu sepas lo que es mejor para nosotros. Sabemos que sus respuestas pueden ser sí o no y, a veces, respondes rápido o lentamente. Señor, enséñanos a ser pacientes y a aprender a esperar. Permítanos recibir sus respuestas sin enojarnos ni molestarnos.

Señor, te damos gracias por cada día de la vida. Esta es una bendición en sí misma. Estamos agradecidos por conocerte como nuestro Señor y Salvador. Muchos han dejado esta tierra sin conocerte, pero estamos agradecidos por lo que has hecho. Amas este mundo entero por eso entregaste a tu Hijo unigénito para que muriera por nosotros. Murió en la cruz del Calvario para que podamos tener vida eterna en el cielo. Dios Padre, enviaste a tu Hijo Jesús a morir por los pecados de este mundo. Él fue herido por nuestras rebeliones y molido por nuestras iniquidades. Pagó una deuda que no tenía. Siempre estaremos agradecidos por lo que has hecho en nuestras vidas. Lo hiciste todo por nosotros y si recibimos a tu Hijo Jesús como nuestro Señor y Salvador, somos salvos por tu gracia. Padre, gracias por el don del Santo

Espíritu que nos enseña y nos guía todos los días. Gracias por la Palabra y tus instrucciones que nos enseñan cómo vivir en este mundo hasta que regreses. Oro en el nombre del Padre, del Hijo y del precioso Espíritu Santo. Amén.

Referencia bíblica: Salmo 24:1

# Policía

ORACIÓN POR: TARA FRAZIER

Padre Celestial, me acerco a tu trono de gracia tan humildemente como sé. Vengo reverenciando tu santo y justo nombre. Vengo con mis hermanos y hermanas conmovidos y acordando que tu voluntad se hará en la vida de tu pueblo. Que la sangre de Jesús que nos recubre día a día sigue funcionando unos dos mil años después. Señor, venimos en nombre de todos los oficiales de policía del país. Venimos pidiendo una cobertura especial sobre sus vidas. Venimos, oh Dios, orando para que la sangre de Jesús los cubra y los guarde. Venimos, oh Dios, a pedirte que los protejas de las preocupaciones de este mundo y de aquellos que intencionalmente eligen hacerles el mal. Señor, oramos a diario para que regresen a casa con sus seres queridos. Oramos a diario por su disposición a servir en un momento como este. Oramos a diario para que la vida de cada oficial de policía sea importante: en el trabajo, en el hogar y en el Reino. Dios, te agradecemos por su protección a través de la tierra y por su disposición a decir que sí.

Señor, oramos por su fuerza. Oramos para que comprendan el poder que tienen para que no abusen de ese poder. Oramos por su sabiduría para tratar con cuidado a la población en general. Oramos por sus corazones transformados para que no vean a todos los ciudadanos como iguales. Dios, oramos por un cambio en la relación entre los oficiales y la comunidad a la que sirven. Necesitamos sanación y un respiro de todas las injusticias que se cometieron. Estamos en un lugar tan difícil en este momento Dios, pero estoy convencido de que nos ayudarás. Nuestros corazones y mentes se han aclarado para enfocarnos en ti, Dios. Mientras los agentes de policía protegen y sirven, elimine todas las áreas muertas de sus vidas. Repara roto espíritus y eliminar el peligro para que puedan hacer su trabajo con eficacia. En el nombre de Jesús, oro. Amén.

# Muerte

ORACIÓN POR: MOZELLEN DOBIE

¡Jesús! ¡Jesús! ¡Jesús! Vengo humildemente a ti, Jesús. Padre, conoces el corazón de tu pueblo y te conmueven nuestros sentimientos. Padre, te pido que me des el consuelo que solo tú puedes. ¡Aleluya! Hay problemas en la tierra, pero Dios, tú estás en el plan. ¡Aleluya! Prometiste que nos preparaste un lugar. La muerte no es el fin. Esta tierra no es nuestro hogar. Ayúdanos Jesús, cuando los corazones estén abrumados. Ayúdanos a ir a ese lugar secreto en ti y encontrar consuelo. Danos la paz que sobrepasa todo entendimiento. ¡Jesús! ¡Jesús! ¡Jesús! ¡Hay algo en tu nombre, Jesús! Es fuerte y poderoso. Padre, mientras oro por las abrumadoras muertes que están sucediendo, te pido que ayudes a tu gente a mantener tu palabra. Ayúdanos a saber cómo tus caminos no son los nuestros, ni tus pensamientos como los nuestros. Tú eres el Salvador sabio y omnisciente. Jesús, no cometes errores. Oro por los corazones pesados que lloran. Hablo paz. El llanto puede durar una noche, pero prometiste que la alegría llegaría por la mañana.

¡Ayuda al Señor! ¡Ayuda al Señor! ¡Ayuda al Señor! Jesús, tu gente está clamando y prometiste que les responderías. Oro en tu nombre porque tu nombre salva, sana y libera. Jesús, ayúdalos a seguir dándote la gloria, incluso en la muerte. Oro para que nada los separe del amor de Dios, ni siquiera la muerte.

¡Ayuda al Señor! ¡Ayuda al Señor! ¡Ayuda al Señor! ¡Jesús ayuda! Jehová shalom, paz eres tú. Jesús, oró para que sus almas mueran en ti. rezo que te recibieron como su Señor y Salvador. Tu palabra declara que debemos nacer de nuevo del agua y el Espíritu. Debemos estar llenos del don del Espíritu Santo. Jesús, todas las almas te pertenecen. Tú eres el camino, la verdad y la luz. Nadie viene al Padre sino por ti. Jesús, oró por las almas de tu pueblo. Oro para que te escuchen decir "¡Bien hecho!" En el nombre de Jesus. Amén.

# Primeros

ORACIÓN POR: VERNETTA DRUMMOND-MERCER

Dios Padre, te damos gracias por aquellos que valientemente arriesgaron sus vidas durante esta pandemia. Mientras estos socorristas viajan hacia y desde el trabajo, te pedimos que bendiga sus hogares y su paradero. Dios, también te pedimos que bendigas a sus seres queridos que puedan tener condiciones médicas preexistentes. Incluso con ellos, oh Dios, anímalos a ser fuertes y valientes. Hágales saber que nunca los dejará ni los abandonará. Hágales saber que los ha cubierto bajo su protección divina. Por favor, cubra a todos los socorristas con su amor y haz saber que eres un Dios real que salva y sana. Incluso ahora, te pedimos que aumentes su fe y que abras su comprensión sobre su propósito para un momento como este. Dios, concédeles estrategias divinas sobre cómo manejar cada emergencia que se les presente. Muéstrales cómo confiar en ti mientras manejan cada situación con cuidado. Ayúdalos a no apoyarse en su propio entendimiento y a permitirte dirigir sus caminos. Después de cada turno, permíteles que se preocupen por ti y te liberen de lo que no pueden controlar.

Dales formas creativas de cómo perseverar en el servicio y la protección de las vidas que se les ha confiado. Dios, hazles saber que en medio de todo, ningún arma forjada contra ellos prosperará y su paz está garantizada siempre y cuando se concentren en ti en todo lo que hacen. Padre, atamos el pánico y la fatiga en sus trabajos y en sus hogares, y pedimos de tu paz que sobrepasa todo entendimiento. Señor, tus promesas son sí y amén. Dijiste que todo lo que atamos en la tierra será atado en el cielo, y todo lo que desatemos en la tierra será desatado en cielo. Reprendimos a los espíritus de pesadez, opresión y represión sobre sus mentes mientras duermen por la noche, y liberamos la mente de Jesucristo. Para aquellos socorristas que son salvos, deje que su luz brille para que las personas que están sufriendo conozcan el amor de Cristo que brilla tan intensamente a través de ellos. Ayúdalos a comprender que están asignados a propósito para su Reino. Por los socorristas que no son salvos, Padre, ¡oramos para que te entreguen sus corazones! En el nombre de Jesús, Amén.

Referencia bíblica: Salmo 18:6

# Tráfico sexual

ORACIÓN POR: DR. LESLIE DUROSEAU

Me levantaré por la mañana temprano y buscaré tu rostro. Mientras el Hijo resplandece sobre sus hijos, haz que tu luz brille sobre nosotros. La oscuridad no puede atenuar tu luz, porque tu luz penetra la oscuridad de este mundo.

Querido Señor, somos gente vulnerable en este mundo oscuro. Ven y rescatanos. Libéranos de esta esclavitud. Te alabamos, gran Jehová, y nos humillamos ante ti. Eres el Dios de la justicia, del amor y de la paz. Tú eres el Dios que desprecia el mal y la maldad. Líbranos de los que nos torturan.

Nos lamentamos, humillamos, nos postramos ante el Dios vivo y verdadero. Aquel que es la verdad, el camino y la vida. Diariamente te clamamos, Gran Jehová Rapha, y esperamos en ti para que nos sanes. Diariamente clamamos y preguntamos ¿dónde está nuestro Dios? Nuestro Dios que es Emmanuel, nuestro Dios que está con nosotros y dentro de nosotros. Que el espíritu de Dios nos limpie; lávanos con hisopo y quita toda injusticia.

Nos levantaremos y seremos restaurados. Seremos redimidos por la sangre del Cordero. Aleluya al Rey de reyes y Señor de señores. Gran Jehová Rapha, nuestro sanador, Gran Jehová-Nissi, nuestro libertador. Gran Jehová Shalom, el Dios que es nuestra paz. Esperamos en ti, porque aquellos que esperan en el Señor tendrán su fuerza restaurada. Y seremos renovados. Amén.

Referencia bíblica: Isaías 40: 27-31

# Abuso verbal

ORACIÓN POR: DR. TENARIA DRUMMOND-SMITH

Aleluya, gracias Señor, gracias JESÚS. Señor, te pido que sanes cada corazón roto al que se le dijo que nunca llegarían hacer nada y que nadie los amaría ni los querría. Oh Dios, sabemos que eres el Dios del amor. Aleluya, gracias Señor, gracias por amarnos incluso en momentos en que no nos amamos a nosotros mismos. Te pido en el nombre de Jesús que sanes el dolor de todos los que han sido insultados. Señor, oro para que no les permitas recibir ese dolor en el nombre de Jesús. Señor, te pido en tu nombre que no hagan con los demás lo mismo que se hizo con ellos porque las palabras tienen poder. Sabemos cómo una persona puede creer lo que escucha si sigue escuchando que no es nada.

Señor, nos dices en tu palabra que los perdonemos, porque no saben lo que hacen. Oh Dios, te pido, oro para que quien lea esto sepa que ningún arma forjada contra ellos prosperará en el nombre de Jesús, y que cada palabra que se pronuncie que no sea tuya regrese a su origen. Señor, pido ahora mismo que aquellos que hablan cosas negativas a personas inocentes sean liberados de su ira causada por alguien en su pasado que los lastimó. Señor, sabemos que muchas cosas que hacemos se derivan de las cosas que nos hicieron. Oro para que todos estemos libres de insultar y hablar con palabras duras en el nombre de Jesús. Amén y amén.

Referencia bíblica: Isaías 54:17

# Dolor

ORACIÓN POR: SOPHIA L. GREENE

Padre Celestial, vengo ante ti con un espíritu arrepentido para reconocer tu santidad. Como su hija, someto a todos los corazones en duelo en todo el mundo. Visite todos los hogares y corazones. Danos un lugar de consuelo y paz mientras lamentamos las pérdidas que experimentamos en nuestro tiempo en esta tierra. Oro por la curación de todos los que han perdido familiares y amigos en esta vida y no se han afligido por ellos porque el dolor era demasiado para soportarlo. Doy gracias a Dios por tener acceso a un portador de cargas que está disponible para llevar todo nuestro dolor y preocupaciones.

Dios del universo, mientras caminas por el mundo con tu omnipresencia, toca corazones y haz que reconozcamos cómo tu amor y tu presencia es la respuesta a todas nuestras situaciones. Muéstranos cómo mantener nuestros ojos y corazones en ti para que podamos aprender a amarnos como tú nos amas. Gracias, Abba.

# Diálisis

ORACIÓN POR: ROBERTA JONES-JOHNSON

¡Aleluya! Padre, te agradezco por otro día de vida. Te doy todo el honor y vengo alabando tu santo nombre. Padre, eres el único que lo merece porque estamos destituidos de tu gloria.

En el nombre de Jesús, vengo pidiendo que se haga tu voluntad para los pacientes en diálisis. Si se trata de diálisis continuada o reemplazo de riñón, déjelo de acuerdo a su voluntad. Elimina todas las impurezas que hacen que sus riñones no funcionen correctamente. Bendice las manos de los médicos, enfermeras y técnicos mientras realizan diálisis a sus pacientes. Mientras cumple su voluntad, oró para que los pacientes de diálisis recuperen el apetito y la energía necesaria para recuperar la fuerza en sus cuerpos.

Padre, como solo tú puedes, te pido que extiendas tu misericordia y gracia hacia ellos. Podríamos preguntarnos por qué sucede esto, pero tu nos dices que confiamos en ti, el gran Dios, con todo nuestro corazón y no nos apoyemos en nuestro propio entendimiento. Eres el Gran Doctor y, si es tu voluntad, te pido que reviertas la insuficiencia renal en nuestros seres queridos. Padre, sana sus riñones en el nombre de Jesús. Como los creó para hacer, déjelos filtrar las toxinas y las impurezas de nuestro cuerpo.

Dijiste que no nos dejarías, en tu palabra. Te pido que des fuerzas a las familias para aferrarse a su fe con sus seres queridos en esta condición. Padre, oro por la venida de tu Reino que acabará con todas las enfermedades y enfermedad. Hablo sanidad en el precioso nombre de Jesús. Amén.

Referencias bíblicas: Proverbios 3:5; Salmo 27:9; Hebreos 13:5

# Baja autoestima

ORACIÓN POR: PROFETA VON BRAND

Padre, con nuestras oraciones levantamos a quienes luchan contra el espíritu de baja autoestima. Venimos contra cada ataque de inseguridad e inferioridad que el enemigo intenta hacerles tener contra sí mismos. Rompemos la espalda de Satanás hoy y todos los días, y les recordamos a sus hijos lo que dice su Palabra acerca de que hayan sido hechos de manera maravillosa. Les dices que pueden hacer todas las cosas a través de ti, quien les da fuerza. Les dices que ningún arma forjada contra ellos prosperará, y refutarás toda lengua que los acuse. El poder de la lengua que mintió y les dijo que no eran nadie o que no llegarían a ser alguien ya está derrotado. Fue derrotado en la cruz. ¡Aleluya, gloria a Dios!

Tu palabra nos recuerda que podemos ser sanados, no solo como una cosa física, sino en nuestro quebrantamiento, nuestro estado espiritual y emocional. Decretamos y nos declaramos libres hoy. ¡Celebramos nuestra plenitud! ¡Decretamos y declaramos que las puertas de inundación del cielo están abiertas en nuestro nombre mientras celebramos nuestra victoria hoy! ¡Aleluya, nos alegramos hoy porque somos libres!

Referencias bíblicas: Salmo 139:14; Filipenses 4:13; Isaías 54:17

# Brujería

ORACIÓN POR: ANNETTA DRUMMOND

Padre, te alabamos, te honramos, te damos toda la gloria. Te damos gracias por la autoridad que nos has dado a tus hijos. Tu Palabra declara que todo lo que atamos en la tierra está atado en el cielo. Tu palabra declara que no permitimos que una bruja viva. Ordenamos a cada brujo, brujo, adivino, astrólogo, nigromante, obeah y lector de cartas del tarot que se arrepienta en el nombre de Jesús.

Ato toda palabra negativa e impía que se pronuncie contra nuestras vidas. Rompo y destruyo por completo todo espíritu de confusión, tormento, miedo, control y manipulación en el nombre de Jesús.

Rompo y destruyo el poder de la brujería, el engaño, la hechicería de seducción y toda intimidación dirigida a mí y a mi familia en el nombre de Jesús.

Decretó la libertad de todo poder oscuro, toda proyección astral, todo espíritu Jezabelico, palabras proféticas falsas, controladores, manipuladores, hechiceros, falsificaciones, ataduras del alma, espíritus mentirosos, sueños mentirosos y visiones mentirosas. Espíritus Incubus y Succubus, os declaro nulos y sin valor en todas vuestras actividades en el nombre de Jesús.

Cada palabra malvada pronunciada sobre nuestras vidas por aquellos en autoridad, la declaró nula y sin valor en el nombre de Jesús. No se manifestará en nuestras vidas. Ordenó que toda maldición de ambos lados de mi familia se rompa y deje de tener efecto en mi linaje en el nombre de Jesús.

Rompo y destruyo todo espíritu de rechazo y abandono, y te reemplazó por el espíritu de aceptación y lealtad en el nombre de Jesús. En todas partes se pronuncian nuestros nombres para el mal; Ordenó que se incendien en el nombre de Jesús. Rompo y destruyo todo espíritu de conspiración contra mí y mi familia. Libero la confusión en el campo del enemigo para luchar contra sí mismos y aniquilarse totalmente.

Ahora Padre, elimina todo residuo de malas palabras, maldiciones y maleficios de nuestras vidas por la sangre de Jesús. Nos arrepentimos de cada pecado conocido y desconocido que ha abierto la puerta a cualquier ataque sobre nosotros en el nombre de Jesús. Señor, tu palabra declara que si confesamos nuestros pecados, eres fiel y justo para perdonar nuestros pecados. Dedicamos nuestras vidas a la voluntad de Cristo y solo a Cristo. Nos sometemos a Jesucristo y a Su palabra en el nombre de Jesús. Amén.

Referencia bíblica: Éxodo 2:18

# Naciones Unidas

ORACIÓN POR: REINA MADRE BLAKELY

Oh Dios del universo, venimos a ti este día perfecto en tu divina gracia que nos protege en tu mundo. Nos postramos ante ti y te adoramos. Te pedimos a ti, nuestro Creador y dador de toda vida, que bendigas a las Naciones Unidas. En sus deliberaciones como Estados miembros, les pedimos que formen parte de su debate para crear un mundo mejor que podamos transmitir a nuestros hijos. Oh Dios, te estiramos los brazos mientras miramos hacia las colinas de donde viene nuestra ayuda, para abrazarnos, amarnos y nutrirnos todos los días de nuestra vida. Te pedimos que nos guíes y nos aconsejes divinamente. Ayúdanos a vivir en tu presencia. Vinimos aquí sin nada y nos iremos de aquí sin nada. Ayúdanos a encontrar el consuelo de la paz y la tranquilidad unos con otros mientras vivimos juntos.

Esta es nuestra oración que les hacemos eco este día. Enséñanos la humildad, enséñanos sabiduría, enséñanos a entender y, sobre todo, enséñanos a cuidarnos unos a otros. Te pedimos que nunca nos dejes ni nos desampares. Te pedimos tu gracia sanadora en el mundo, de norte a sur, de este a oeste. Enséñanos a ser buenos administradores en la protección de todos los dominios de tu mundo. Te reconocemos, oh Dios; sabemos que tú diriges el mundo y nosotros corremos por el mundo. Queremos agradecerte por permitirnos hacerlo. Que así sea. Amén.

# Divorcio

ORACIÓN POR: JANET LENNOX

Abba Padre, te damos gracias por quién eres y en quién te convertirás. Te damos alabanza, honor y gloria. Tú eres el Dios de la creación, el Padre de Abraham, Isaac y Jacob, y venimos a ti solo en el nombre de Jesús. Te pedimos perdón por los pecados conocidos y desconocidos. Nos arrepentimos de nuestros pecados pasados de fornicación, infidelidad, rechazo y traición a nuestros cónyuges. Señor Dios, has ordenado el matrimonio, pero debido a que nuestros corazones se endurecieron unos contra otros, el espíritu de divorcio se apoderó de nosotros. Señor Dios, venimos contra el espíritu de divorcio que ataca las vidas de tu pueblo. Tu palabra dice que Moisés permitió el divorcio porque nuestro corazón estaba endurecido, pero no fue así desde el principio. Danos un corazón limpio y un espíritu contrito hacia nuestros cónyuges.

Ordenamos a la ordenación del matrimonio que vuelva a alinearse ahora mismo en el nombre de Jesús. Ordenamos que cada maldición de divorcio enviada por el enemigo sea esparcida por el fuego ahora mismo. Cada altar de divorcio que tiene nuestros nombres en él, les ordenamos que se incendien ahora en el nombre de Jesús. Señor Dios, terminamos con todo espíritu de confusión que se esconde y ataca nuestras mentes. Dejemos que cada enemigo que se camufla en nuestras relaciones sea expuesto por el fuego de Dios ahora mismo. Dijiste que Satanás viene a robar, destruir y matar, pero viniste a dar vida y la das en abundancia. Hablamos de una vida abundante en nuestros matrimonios.

Atamos y echamos fuera el espíritu de divorcio ahora mismo en el nombre de Jesús. Hablamos de la integridad de las mentes, los cuerpos y las almas de aquellos que planean divorciarse. Decretamos y declaramos que no habrá divorcio, sino que se unirán como una sola carne, como Dios ha dicho desde el comenzando en el nombre de Jesús. Gracias, Jesús, por la recuperación y curación de nuestros matrimonios en el nombre de Jesús. ¡Amén!

Referencia bíblica: Mateo 19:8

# Madres adolescentes

ORACIÓN POR: DAWN GRANTHAM

Oh Señor, estoy parado en la brecha y orando por las madres adolescentes. Esta es una realidad de sus vidas y es una gran responsabilidad. Algunos han abandonado su educación y abandonaron la escuela. Les resultó difícil retener sus lecciones mientras trataban de cuidar a sus hijos. Bendícelos para que continúen con su educación para que puedan ser ciudadanos productivos y evitar vivir como estadísticas en la pobreza. Bendícelos económicamente. Dales sabiduría y equípalos para que se conviertan en empresarios y líderes empresariales. Bendícelos con trabajos bien remunerados con beneficios y pensiones de jubilación. Oh Señor, te pido que les abras puertas de oportunidad para que no les falte nada, no quieran nada y no tengan necesidad de nada. Bendice a sus familias para apoyarlos y animarlos, y no avergonzarlos. Traiga buenos mentores y modelos a seguir que solían estar donde están. La gente espera que las madres jóvenes se conviertan en madres perfectas de inmediato. ¿Qué tan rápido olvidamos que estos son bebés que están criando bebés mientras enfrentan nuevos desafíos de la maternidad?

Oh Señor, recuérdales que pueden hacer todas las cosas en Cristo. Ayúdalos a esforzarse y hacer su mejor esfuerzo en este nuevo capítulo de la vida. Donde sean débiles, ayúdalos a ser fuertes. Dales fuerza, valor y la voluntad de Dios para amar y cuidar a sus bebés incondicionalmente y con integridad. Cuando el miedo y la duda se apoderen de ellas, muéstrales que pueden salir adelante por la gracia de Dios. Bríndales orientación y prepáralas emocionalmente. Desarrolle su autoestima al enfrentar las críticas de sus compañeros. Ayúdalas a administrar y priorizar su tiempo para que no se sientan abrumados y consumidos por sus tareas. Que recuerden amarse a sí mismos y cuidarse a sí mismos. Si hacen esto, pueden amar continuamente a sus bebés. Ponga en sus corazones y mentes que el hecho de ser madres jóvenes no las desviará del propósito de Dios. A pesar de sus circunstancias, recuérdales lo maravillosos que son. Amén.

Referencias bíblicas: Tito 2:11; Salmo 139:14

# Violencia doméstica

ORACIÓN POR: MIRANDA RIVERS

Oh Señor, escucha sus gritos de aquellos en situaciones de violencia doméstica. Son tantos los que sufren en silencio. Señor, te pido que los lleves a un lugar seguro para que puedan comenzar a sanar. Que se rodeen con tus ángeles en el nombre de Jesús.

Dios Padre, te pido que ayudes a los niños a sentirse amados y cuidados en medio de estas situaciones. Que encuentren consuelo al saber que eres el Libertador de su libertad y paz. Dios fiel, por favor sana y restaura su fe en ti. Ayúdalos a confiar y abrir su corazón al amor. Rodéalos con tus ángeles en el nombre de Jesús.

Oramos por los corazones de los abusadores. Señor, toca los corazones de aquellos que lastiman a sus seres queridos. Sana sus corazones y guía su pensamiento para que busquen tus caminos. Ayúdelos a saber que todos deben ser amados, honrados y respetados. Dios fiel, también te pedimos que los ayudes a reconocer cómo están haciendo daño a los demás para que puedan aprender a despreciar su propio comportamiento y llegar a un verdadero arrepentimiento.

Precioso Señor, nos construiste a tu semejanza y nos diste vida, una vida que quieres que vivamos en abundancia. Te pedimos que los rodeas con tu custodia y los protejas con tu amor. Permítales disfrutar de buena salud, curación, fuerza y paz. Oramos para que sientan y conozcan tu presencia para buscar una salida. Te pedimos todas estas cosas en el nombre de Jesús. ¡Amén!

Referencias bíblicas: Salmo 107:20, 27:10

# Sabiduría

ORACIÓN POR: SARAH NICHOLS

Padre celestial, eres nuestro Dios y santo nombre. Todo regalo bueno y perfecto viene de ti. Te damos gracias por tu palabra que trae sabiduría. Oramos por luz en nuestro entendimiento de tu palabra para que podamos caminar en sabiduría en todo lo que hacemos. Qué privilegio y honor es ser llamado uno de los suyos. Estamos hechos de manera maravillosa. Hecho a tu imagen y semejanza, somos amados con un amor eterno y estamos agradecidos. Padre, te damos gracias por darnos sabiduría a través de tu palabra y por el conocimiento y la comprensión que se derivan de ella. Dijiste que si nos falta sabiduría podemos pedirla y nos la darás generosamente sin culparnos por no saber manejar las situaciones. Ayúdanos a vivir nuestras vidas con sabiduría para que podamos apreciar el entendimiento y prosperar con él.

Padre, gracias por toda la bendición que nos has dado al encontrar tu sabiduría. Fue solo por tu Espíritu Santo que encontramos sabiduría y entendimiento. Tu palabra nos dice que encontrar sabiduría vale mucho más y es más rentable que la plata y el oro. Es más precioso que los rubíes y nada de lo que sabemos puede compararse con él. Con sabiduría, nos darás bendiciones de larga vida, riquezas, honor y paz. Señor, te agradecemos por darnos el deseo de buscar sabiduría y obtener entendimiento para tu gloria. Te agradecemos los errores que cometimos antes de conocer la sabiduría. Te agradecemos porque perdonas nuestros errores y nos ayudas a seguir adelante con la seguridad de que nuestro último será mayor que el anterior. Te damos las gracias porque nuestro pasado no está en nuestra contra. Podemos seguir adelante porque nos diste un nuevo comienzo. Dios, al bendecir a Salomón con sabiduría para que sea una bendición para tu pueblo, haznos vasos de sabiduría para ayudar a todos los que encontremos. Guíanos con tu sabiduría para que podamos decir las cosas correctas a los necesitados. Te damos gloria y honor, porque es así y ya está hecho. En el nombre de Jesús, amén.

# Unidad

ORACIÓN POR: CAMEO BOONE

Padre Celestial, te doy las gracias. Gracias por tu amor, tu misericordia y tu gracia. Padre, gracias por tu fidelidad y por tu perseverancia, ¡Aleluya! Señor, gracias por ser paciente con nosotros. Gracias por todo lo que haces por nosotros a diario, Elohim. Espíritu Santo, llénanos y permite que tu Espíritu hable a nuestro espíritu, porque el Espíritu escudriña todas las cosas de Dios. Gracias, Padre, porque conoces todos los deseos de nuestro corazón y los concedes según tu voluntad. Nos dijiste que nos acerquemos con valentía al trono de la gracia, para que podamos tener misericordia y encontrar la gracia para ayudar en tiempos de necesidad.

¡Necesitamos tu ayuda, querido Dios, con unidad! Concédenos un espíritu de unidad entre las personas, Elohim. Hemos estado divididos y engañados durante tanto tiempo. No es por casualidad porque sabemos que Satanás es el autor de confusión y división. ¡También sabemos que tiene poder pero no autoridad! ¡Los hijos de Elohim tienen poder y autoridad a través de nuestro salvador, Jesucristo y el Espíritu Santo! Debemos estar unidos como un solo pueblo bajo un cuerpo de Cristo. En la torre de Babel, dijiste que todos éramos un solo pueblo, así que no hay razas, solo seres humanos. No se suponía que hubiera religiones, se supone que somos seguidores de Jesús, por lo tanto, ayúdanos a deshacernos de estas denominaciones, querido Padre. Son una herramienta del enemigo para dividir a los hijos de Dios.

Ayúdanos a estar unidos en la familia para nuestra supervivencia. Ayúdanos a unirnos entre el liderazgo espiritual a través de la oración colectiva, porque no luchamos con sangre y carne, sino contra principados, contra potestades, contra los gobernantes de las tinieblas.

Jesús, ayúdanos a estar unidos en el amor, unidos en la fe, unidos en la mentalidad y, sobre todo, unidos en CRISTO. Que las mujeres de este diario de oración sean ejemplos de cómo la unidad puede derribar las fortalezas de esta nación, porque sabemos que con la oración unificada, uno puede perseguir a mil y dos pueden hacer huir a diez mil. ¡Amén!

Referencias bíblicas: 1 Corintios 2:10; Hebreos 4:16; Efesios 6:12; Deuteronomio 32:30

# Fuerza de voluntad

ORACIÓN POR: CYRINTHIA HILL-FLOWERS

Padre, en el nombre de Jesús, oró por aquellos que carecen de la fuerza de voluntad para salir y hacer lo que tú los llamas a hacer. Oro por aquellos que tienen un propósito divino pero tienen miedo y se reprimen porque carecen de fuerza de voluntad. Oro por aquellos que no seguirán adelante porque tienen miedo y sienten que fracasarán. Dios, hazles saber que no hay fracaso en ti. Les has dado poder sobre todo el poder del enemigo y poder para cumplir tu voluntad en sus vidas. Los sueños y visiones que tengan se harán en tu nombre. Nada de ninguna manera los obstaculizara, bloqueará o detendrá. Ato al enemigo que viene a robar, matar y destruir. En el nombre de Jesús, hablo de la fuerza para estar en la presencia de Dios y cumplir su llamado.

Muchos son llamados Señor, pero pocos elegidos. ¡Deje que sus vasijas elegidas busquen la fuerza de voluntad y la unción para IR! Dios, tendrán el poder de hacer tu voluntad. Dios, eres tú quien los ha regalado. No pueden ocultar sus talentos. Harán lo que has dicho sobre sus vidas. Algunos tienen las llaves para la liberación de otros. Algunos tienen ministerios que sacar o sacar de otros. Deben salir en el nombre de Jesús. Tendrán éxito y no se rendirán. ¡Hágase tu voluntad en la vida de tu pueblo en el nombre de Jesús! Los conquistadores deben presentarse y los visionarios deben presentarse. El sueño de nadie morirá por falta de fuerza de voluntad. Es Dios quien da valor en el nombre de Jesús. ¡Amén!

Referencias bíblicas: Lucas 10:19; Salmo 34:4, 23:4, 27:1, 16:11; Juan 10:10; Mateo 22:14, 25:14-30; Efesios 4:8; Josué 1:7-9; Romanos 8:37Scriptural references: Luke 10:19; Psalm 34:4, 23:4, 27:1, 16:11; John 10:10; Matthew 22:14, 25:14-30; Ephesians 4:8; Joshua 1:7-9; Romans 8:37

# Disfunción familiar

ORACIÓN POR: JOYCE ROLLINS

Dios, oró para que vayas entre familias de todo el mundo y pongas orden. Padre, envía tu Espíritu que facilita el amor y la comprensión. Señor, tu palabra dice que debemos rasgar nuestros corazones y no nuestras vestiduras. Debemos volver a ti, nuestro Dios, porque eres bondadoso y compasivo, lento para la ira, lleno de amor y cediendo a enviar calamidades. Dios, muéstranos tu compasión y amor. Proteja a las familias de las calamidades. Átalos juntos en amor y perfecta unidad con cuerdas que no se puedan romper. Haz que la rivalidad se desmantele de raíz. Envía paz a los hogares de familias rotas. Dios, habló de maldiciones ancestrales, asignaciones generacionales y vestigios de los pecados de los antepasados. Tomó el control del espíritu persistente que causa dolor y disfunción. Te ordeno que te vayas; ya no puedes vivir aquí. Te arrojó al abismo del infierno en el nombre de Jesucristo, el Salvador resucitado. Destruyó cada plan, cada evento, cada asignación, cada apego, cada ejecución, cada muerte y cada separación en el nombre de Jesús. Hablo de sanación total y reconexión saludable.

Desde los jefes de familia hasta los niños, Dios, sé una ayuda presente para ellos. Caminarán juntos en amor y se protegerán mutuamente. Son familias saludables en el nombre de Jesús. Dios, envía a los maridos la capacidad de liderar familias; Dales el corazón y la compasión para amar a sus esposas e hijos. Déles ejemplos que les mostrarán cómo funcionar en tu palabra. Dios, muéstrale a las esposas cómo amar a sus esposos y sé fuerte para que sobrevivan las tormentas. Dale a las esposas la fortaleza para seguir tu palabra sobre su posición en la familia. Muéstrales cómo permitir que los maridos sean jefes y protectores de la familia y el hogar. Padre, oro para que derrames estabilidad sobre las familias de todo el mundo. Cubra las generaciones venideras. Proclamó que no habrá escasez y que todas sus necesidades serán satisfechas. Proclamó que el gozo del Señor los encontrará cada día. Padre, declaró la unidad en nuestras familias. Les doy las gracias de antemano. Hágase tu voluntad en el nombre de Jesús. Amén.

Referencias bíblicas: Joel 2:13; Colosenses 3:14

# Paz

ORACIÓN POR: CHERYLN OLIVER-McKAY

Amado Señor, como tu manso y humilde servidora, vengo ante ti. Solo queremos agradecerte Señor Dios, solo por despertarnos, por llevarnos a través de otra noche y guiarnos hacia este día. Padre, hago esta oración de paz para todos. Señor Dios, rezo por la paz que sobrepasa todo entendimiento. Nuestras vidas están llenas de tantas distracciones y situaciones que nos mantienen atados y confundidos. Nos atamos a nuestro propio pensamiento, preocupación e intento de entender cosas que posiblemente no podríamos entender sin ti. Tus pensamientos no son los nuestros y nuestros pensamientos no son los tuyos. Su gente está buscando respuestas en un mundo donde no las hay, y por hacer esto, su gente se ha sentido abrumada, estresada y deprimida. El enemigo está obstruyendo nuestras mentes con todo tipo de maldad que nos impide escuchar de ti. Señor, te pido que nos ayudes a recordar que aunque habrá muchas pruebas que tendremos que enfrentar en esta vida, debemos aferrarnos a ti. Debemos mantener nuestras mentes en ti manteniéndonos en tu palabra para que tu palabra pueda estar viva en nosotros.

Señor Dios, oro para que tu gente se acerque a ti y reciba la paz que superará su entendimiento. En tu palabra, confiamos en ti para esa paz, y sé que traerá perspicacia espiritual y comprensión a quienes te recibirán. Padre, ten piedad de nosotros ahora mismo, porque nos dices que echemos nuestras preocupaciones sobre ti porque tú te preocupas por nosotros. Nos dices que tu paz mantendrá nuestro corazón y nuestra mente por medio de Cristo Jesús. Nos dices que no tengamos preocupación de nada, sino en todo con oración y súplica con acción de gracias, dejar que nuestras peticiones sean hechas. conocido por ti. Señor, mi petición es por la paz para todos en todo el mundo en el nombre de Jesús, lo ruego, amén.

Referencias bíblicas: 1 Pedro 5:7; Filipenses 4:6-7

# Por la nación

ORACIÓN POR: ESTHER BURGESS

Oh Señor, justo y santo Redentor, Dios de misericordia y juicio. La gloria, el honor, la adoración y el poder te pertenecen. Cetro de justicia, honramos tu santo nombre. Padre Celestial, me presento ante ti en el incomparable nombre de nuestro Señor y Salvador Jesucristo, intercediendo por esta nación. Señor, nuestros antepasados han pecado y continuamos cometiendo iniquidad. Hemos dejado nuestro primer amor y nos hemos descarriado, cada uno por su propio camino. Nos hemos rebelado contra tus preceptos y, con las decisiones que tomamos, nos hemos juzgado a nosotros mismos. Nuestra tierra está contaminada, estamos en un estado de recaída y nuestros hijos están caminando en desobediencia, de haber sido criados sin el temor de Dios. Hemos comprometido las palabras del Dios viviente y aceptado enseñanzas falsas. Somos quebrantadores del pacto, rebeldes, llenos de envidia, injustos, difamadores y desobedientes. Sí, hemos pecado contra ti y hemos hecho lo malo ante tus ojos. Señor, la maldición del pecado se derrama sobre esta nación porque no hemos obedecido tu voz.

Padre misericordioso, te necesitamos, no podemos hacerlo solos. Danos un corazón de arrepentimiento. Ayúdanos a apartarnos de nuestros malos caminos y volvernos a ti con todo nuestro corazón, para que tu rostro brille sobre nosotros y nos sane. Hemos tratado de operar independientemente de ti, pero Señor, hemos fallado una y otra vez, y otra vez. Señor, escúchanos, Señor, cura, Señor, restáuranos, te lo suplico. Mira la desolación de esta nación y ten piedad. Señor, reprime tu ira de nosotros por amor de tu misericordia, porque ¿quién puede estar en tu juicio, o quién puede perdonarnos sino tú? Padre, oro para que tu misericordia y gracia continúen quédate con nosotros, porque si te apartas, ¿adónde iremos? Señor, estamos destrozados. Solo tú y solo tú puedes sanarnos, porque nuestra alma está desamparada sin ti. Todas las naciones son como hierba delante de ti y no cuentan para nada. Solo tú puedes restaurar y sólo tú puedes redimir. Dios mío, inclina tu oído y escucha. Abre tus ojos y contempla la desolación del pueblo que has creado. Mientras presentamos nuestras súplicas ante ustedes, escuchen y respondan. Oro en el incomparable y maravilloso nombre de Jesús. Amén.

# Profesores

ORACIÓN POR: THERESA BYRD

Padre nuestro que estás en los cielos, invoco tu santo nombre con la cabeza inclinada, los ojos cerrados y el corazón llorando. Muchos de sus hijos hoy en día intentan suicidarse como una salida. Cuando escucho la palabra, envía escalofríos por mi columna vertebral. Es una situación aterradora incluso en la que pensar. SEÑOR, por favor toca sus mentes y corazones hoy. Cúbrenos con tu sangre al salir, al entrar, al acostarse y al levantarse.

Este es un círculo vicioso que tiene lugar en todo el mundo. SEÑOR, sé que eres el único que puede detener esta locura. Todos ellos tienen diferentes motivos, pero la carga debe ser demasiado pesada para que cualquiera de ellos la soporte. Eres un Dios maravilloso que sabe todas las cosas. Rezo por ellos y espero que les envíes el Consolador. Necesitan ser salvados. Señor, fortalece y muéstrales el camino. Por favor, levántalos para tu gloria. Amén.

Referencia bíblica: Salmo 61:1-2

# Deuda

ORACIÓN POR: PASTOR SHAWN QUALLO

Padre, en el nombre de Jesús, venimos atando el espíritu de pobreza lejos de tu pueblo. Destruimos el espíritu de la deuda; atamos la mala gestión del dinero que abre la puerta a la deuda. Cortamos esta fortaleza de nuestras vidas y las vidas de nuestros hijos. Destruimos el espíritu de la deuda y rompemos el espíritu de angustia que ata la vida de su pueblo. Señor, te damos gracias por hacer que las deudas huyan en el nombre de Jesús. Cualquier cosa que haga que nuestro dinero se disperse, revertimos esas maldiciones ahora. Llamamos riqueza a ser atraídos hacia nosotros en el nombre de Jesús. Señor, te agradecemos por abrir las puertas a la riqueza y el desbordamiento de nuestras finanzas. Señor, tú libras al pobre en su aflicción, y abres sus oídos en la opresión. Abre nuestros ojos para ver y discernir ese espíritu seductor de los acreedores. Atamos sus trucos para controlarnos; destruimos esta fortaleza ahora en el nombre de Jesús. Te damos las gracias por escuchar nuestros gritos. Los sistemas opresivos se romperán y nos liberarán del espíritu de escasez.

Oramos ahora para que se abran las puertas del empleo para aquellos que buscan trabajo en el nombre de Jesús. Señor, haz que tu divino favor abra puertas que ningún hombre pueda cerrar y cierra puertas que ningún hombre pueda abrir. Aquellos que necesitan aumentar sus trabajos, llamamos a la promoción divina que destruirá la pobreza. Aquellos con ideas de negocios, los llamamos al igual que tu le pedistes a Moisés que le mostrara lo que puso en su mano. Decretamos que estamos equipados para destruir el espíritu de deuda y esclavitud financiera. Señor, invocamos el despertar sobrenatural. Invocamos a tu gente para que recolecta vasijas para recolectar, para multiplicar recursos y acumular riquezas, tal como tu profeta Eliseo le dijo a la mujer que tomara prestados vasijas y recogiera el aceite.

Te agradecemos por la riqueza que se manifestará con nosotros como lo hizo para esa mujer con el aceite. No moriremos por problemas económicos. Te agradecemos por darnos todas las cosas relacionadas con la vida y te agradecemos por saldar nuestra deuda. Esa deuda está rota para que dejemos una herencia a los hijos de nuestros hijos. Te damos gracias por la riqueza del pecador que está guardada para los justos en el nombre de Jesús. Amén.

Referencias bíblicas: 2 Reyes 4:1-7; Job 36:15; Proverbios 13:22

# Curación
ORACIÓN POR: JACQUELENE SCRUGGS

Nuestro Padre celestial, venimos ante ti agradeciéndote todo. Te agradecemos que nos hayas despertado esta mañana estando en nuestro sano juicio, con la sangre corriendo caliente en nuestras venas y por las actividades de nuestras extremidades. Gracias Jesús, aleluya, aleluya, gloria a tu nombre. Te damos gracias por nuestra vida, nuestra salud y fortaleza. Jesús, eres tan maravilloso para nosotros. Te damos toda la gloria y la alabanza. Te damos gracias por el regalo de la vida. Señor, te damos gracias por la curación desde la coronilla de nuestra cabeza hasta la planta de nuestros pies. Señor, te damos gracias por todas las cosas grandes y pequeñas. Sabemos que toda nuestra ayuda viene del Señor. Te damos gracias, Jesús, por ser nuestros ojos que todo lo ven. Señor, te pedimos que recuerdes a los enfermos y encerrados y los sanes.

Recuerde los de los hogares de ancianos y los hospitales. Señor, dales salud en nuestras mentes y cuerpos para que aquellos que sufren puedan vencer la enfermedad y tener la victoria en el poderoso nombre de Jesús. Te damos gracias Jesús, gloria aleluya, gloria a tu nombre. Señor, te pedimos que consueles a los enfermos y a los que sufren. La mujer del pozo tocó el borde de tu manto y recibió tu curación. Le diste fe para caminar en victoria y libertad. Dios, confiamos en ti para que sanes toda forma de enfermedad en nuestro cuerpo. Jesús, cúranos y salva nuestras almas. Dios, eres el único que puede restaurar nuestra salud. Eres el único que tiene el poder de consolarnos y darnos esperanza para creer que puedes hacer todas las cosas. Señor, eres el sanador de nuestras almas. Eres tan fiel a nosotros. Jesús, te damos gracias por estar ahí en el momento de nuestra necesidad. Eres tan digno. Eres nuestro hacedor de caminos. Señor, sánanos de todas nuestras enfermedades. Creemos que todas las cosas son posible. Te damos gracias, Jesús, porque la oración trasciende todas las cosas. Te damos las gracias por tu bondad. Señor, declaramos la victoria en tu nombre. Jesús, te damos gracias. Amén.

Referencias bíblicas: Santiago 5:14-15; Isaías 53:5

# Pornografía

ORACIÓN POR: WENDYANN WILLIAMS

Señor, elevo a los hombres que tienen una relación personal contigo y cuyo deseo de corazón es conocerte a un nivel más profundo. Permítalos tener la mente de Cristo para que piensen como tu y lo honren al ponerlo en primer lugar en sus vidas. Ayúdelos a recordar siempre usar el casco de la salvación para que puedan tomar decisiones sabias para protegerse contra los pensamientos negativos del enemigo. Permítales ver con ojos espirituales que las batallas que enfrentan no son contra sangre y carne. Sus batallas contra su pasado, sus debilidades, sus defectos e inseguridades. Déjales ver cómo el enemigo usa estas cosas contra ellos para que siempre puedan usar la armadura completa de Dios para resistir los ataques de su enemigo.

Ayúdelos a mantener sus ojos enfocados en ti para que sepan cómo alejarse de la tentación y buscar su liberación. Proteja sus oídos de lo que escuchan para que solo escuchen de ti y conozcan su pequeña voz tranquila en medio de todo el ruido y la confusión. Ayúdalos a elegir sabiamente sus palabras para que te agraden. Señor, que su discurso esté siempre libre de perversiones y sea edificante, amable y astuto, para que otros quieran llegar a conocerte. Protege sus corazones de los malos deseos y el engaño y enséñales cómo mirarte como la fuente de dirección y fortaleza.

Guía sus pasos dondequiera que vayan para que te agraden. Muéstrales cómo caminar humildemente en tu gracia y con semblante piadoso para que tu carácter pueda ser un ejemplo para los demás. Sobre todo, enséñeles y ayúdales a saber cuánto los amas. Hago esta oración en el nombre de Cristo. Amén.

Referencias bíblicas: Efesios 6:10-17; Colosenses 4:6; Salmo 19:14

# Enfermeras

ORACIÓN POR: SHERRELL D. MIMS

Jesucristo, Sanador divino de todos los que bendijeron a nuestros antepasados en la fe, bendicen, sanan y restauran a los que están enfermos en este momento. Que el Dios de nuestras almas envíe un desbordamiento de curación y compasión para acelerar la curación. Nos humillamos ante tu trono de gracia. Te pedimos que tu mano divina inspire, toque y suministre tu sabiduría en cada situación. Bendice a todos los que entremos en contacto que puedan estar dañados, traumatizados o simplemente enfermos.

Jesús, que tu ayuda no esté lejos. Oramos por la completa curación y restauración de los afligidos, desde la coronilla hasta las plantas de los pies. Que haya sanidad para las almas y los cuerpos de tus hijos ahora mismo Jesús, porque contigo todo es posible. No podemos hacer nada sin su amor y guía. Jesús, al acercarnos a los enfermos, muéstranos cómo tener un toque compasivo y palabras amables para hablar en sus vidas. Muéstranos cómo cuidarlos como si te estuviéramos cuidando.

Jesús, cuando ascendiste al cielo, dejaste el cuidado de los enfermos a quienes tenían la profesión de enfermero. No tengamos otro propósito que el de glorificar a nuestro Padre celestial para sostener la vida de Sus hijos en todo el mundo. Jesús, dediquemos hoy nuestras vidas al cuidado de tus hijos. Te agradezco por elegirnos para hacer brillar tu luz a través de la oscuridad de la enfermedad. Cuando terminemos de trabajar durante todo el día o la noche, durmamos tranquilos, sabiendo que hemos hecho todo lo posible por sus hijos aquí en la tierra. Y si ayudamos solo a uno, entonces realmente lo hicimos para servirte. Jesús, nos envías como ángeles en la habitación del enfermo. Que siempre seamos lo que tú nos llamaste a ser. ¡Aleluya! Amén, ¡y así sea!

# Anciano

ORACIÓN POR: D.D. HOUSTON

Padre Celestial, te agradezco por nuestros ancianos. Pienso en su lugar en nuestra sociedad hoy y oro para que reciban la ayuda que necesitan durante estos tiempos difíciles. Oro para que nuestra sociedad reconozca el valor de nuestros ancianos. Rezo para que la gente reflexione sobre la importancia de la unidad familiar y los valores que nuestros ancianos le dan a la familia. Oro para que nuestra sociedad se dé cuenta de lo útiles que son nuestros mayores para nosotros. Rezo para que nuestra juventud reevalúe su punto de vista de nuestros ancianos y trate de aprender una o dos cosas de ellos. Señor, oro para que nuestra juventud esté agradecida y nunca rechace o abandone a nuestros mayores cuando son débiles.

Querido Señor, bendice a nuestra gente con corazones que se preocupan por personas de todas las edades. Continúe dándonos sabiduría y capacidad para ayudar a nuestros mayores porque nos han dado mucho. Señor, te agradecemos por nuestros mayores que nos bendijeron con su tiempo y conocimiento, su apoyo espiritual y emocional, su aliento, amor, respeto, amistad, confianza y sus historias personales. Nos mostraron su perseverancia, su devoción y compartieron su fe con nosotros acerca de que tu eres nuestro Padre Celestial. Amén.

# Abuelos

ORACIÓN POR: JEAN THOMPSON

Rey de reyes y Señor de señores, te agradezco por ser poderoso y temible. No solo me has bendecido a mí y a mi familia, sino que el mundo entero conoce tu misericordia y bondad. Con nuestros nietos, nos has permitido ver a otra generación surgir como una bendición y un regalo precioso de Dios. Jesús, nos has bendecido para ser abuelos dándonos una larga vida y abundancia. Nos has mostrado cómo debemos dar amor y guía, pero también tenemos que disciplinar y proteger con la fuerza y el poder de Dios. Oro para que el Espíritu Santo more en abundancia dentro de los abuelos todos los días. Oro para que sigamos siendo fieles a todas sus promesas de ver las generaciones venideras.

Prometiste que todas las cosas funcionarían juntas para nuestro bien. Jehová, por favor bendiga a los abuelos con sabiduría, conocimiento, dominio propio y el compromiso de ser una bendición para nuestros nietos. Ayúdanos a compartir nuestras experiencias con ellos y abre el camino para facilitarles sus viajes. Ayúdanos a ser faros de luz como ancianos para una generación de niños perdidos. Oro en el poderoso y misericordioso nombre de Jesucristo para que nuestros jóvenes puedan vivir para ver a los hijos de sus hijos. Dios, toda la gloria es para ti por lo que has hecho y harás. No podemos hacer este paseo solos. Señor, necesitamos que nos tomes de la mano. Camina con nosotros, habla con nosotros y guíanos. Gracias Señor. Amén.

Referencias bíblicas: Génesis 48:9; Salmo 37:25, 90:12, 103:17; Proverbios 16:1; Isaías 40:28-31; 2 Timoteo 1:5

# Alegría

ORACIÓN POR: LESLEY GEORGE

Padre, te agradezco por el gozo que sentimos al saber que estamos hechos especialmente a tus ojos. Nos creaste con un propósito. Nos diste alegría como nuestro regulador interno. Esa alegría nos empuja en los días en los que nos sentimos inseguros, no amados o indignos. La alegría que nos diste nos inspira a mantener esa llama encendida en nuestro interior, sin importar lo que esté sucediendo en el exterior. La presencia de alegría se manifiesta incluso en medio de esta pandemia de COVID-19. Todavía nos despiertas a diario y con una sonrisa.

¡Nos alegra saber que servimos a un Dios poderoso! Puede que seamos desafiados en nuestra vida diaria, pero en nuestras almas sabemos que nuestra alegría no desaparecerá. Experimentamos menos gozo unos días que otros, así que Señor, te pedimos la fuerza para aferrarnos a nuestro gozo. Nuestro gozo regula nuestra esperanza. Se llena la grieta de la desesperación cuando la vida no cumple con nuestras expectativas. Padre, ayúdanos a estar llenos de gozo. Ayúdanos a mantener nuestra copa llena de amor y esperanza, y ayúdanos a reconocer a las personas que pusiste en nuestras vidas para recordarnos tu alegría cuando nos sentimos deprimidos. Ayúdanos a recordar que tu alegría significa esperanza. Amén.

# Militar

ORACIÓN POR: PINKIE FARMER

Padre Dios, gracias por la libertad y la seguridad de este país en el que vivimos. Gracias por nuestra protección a través de la guía que brindas a nuestros líderes. Gracias por todas las ramas de nuestras fuerzas armadas. Gracias por los hombres y mujeres que voluntariamente sirven y han dedicado sus vidas a nuestra protección. Gracias por las familias que los apoyan mientras hacen este sacrificio. Padre, gracias por darles a los soldados la mentalidad y la fuerza para tener éxito en las cosas que deben hacerse día a día. Tienen esto porque tú, oh Dios, eres el Gran Comandante en Jefe, y te reconocemos a medida que diriges sus caminos.

Guía a la Fuerza Aérea mientras se eleva por los cielos en busca de aviones no identificados que puedan causar daños a nuestro país. Mientras colocan sus pies en el primer escalón de su avión, guíalos con su mano. Bendice a sus pilotos con ojos de águila mientras buscan amenazas altas y bajas. Protégelos mientras vuelan para realizar la tarea que les está destinada. Oramos para que reciban su ayuda en este esfuerzo.

Guía al Ejército y a los Marines mientras pisotean áreas inseguras en tierras extranjeras bajo el mando de sus líderes. Bendice sus pies para que se alejen del daño mientras caminas ante ellos. Cuando ganen territorio, les agradecemos la victoria. Guía a la Marina y la Guardia Costera mientras navegan incansablemente por los Siete Mares y nuestras costas, arriba y abajo. No siempre son visibles, pero nos mantienen a salvo de las amenazas en el agua. Guíalos mientras viajan, de un lado a otro, a través de las aguas para asegurarnos.

Oh Dios, estos hombres y mujeres de nuestras fuerzas militares son muy valientes, valientes y valientes. Oro para que tu presencia, tu poder y tu unción descansen sobre ellos en su servicio a ti y a este país. Algunos tienen el legado de sacrificarlo todo. Por favor recuerde a sus seres queridos y satisfaga todas sus necesidades. Orienta al gobierno para atender sus necesidades y asistirlos. Al honrarlos, que su amor continúe protegiendolos en el nombre de Jesús. Amén.

# Matrimonio

ORACIÓN POR: KEEVA DEDEWO

Señor, gracias por la unión sagrada del matrimonio y por cada matrimonio que has reunido. Al darnos matrimonio, nos diste algo bueno. Tu palabra dice que un hombre dejará a su padre y a su madre y se unirá a su esposa para ser una sola carne. Tu palabra dice que nadie debe separar lo que Dios ha unido. El matrimonio, como tú lo creaste, es una unión maravillosa, gozosa y bendita contigo como su fundamento. Guía a esposos y esposas para que se unan y te permitan ser el centro de sus vidas. Envía a tus ángeles de protección para que rodeen a cada pareja casada y protégelos de las fuerzas espirituales del mal que buscan destruirlos. Preserva los matrimonios y guía a los esposos y esposas para que sean ejemplos piadosos de matrimonio para que las generaciones futuras aprendan.

Señor, ahora más que nunca, necesitamos que te apodere de nuestros matrimonios. Oro para que los hombres y mujeres solteros te sirvan. Oro para que te permitan llevarlos a un matrimonio piadoso y no traten de hacer Tu trabajo por ti. Oro para que honren los votos de amor, compromiso y fidelidad que tienen ante ti. Oro para que se vuelvan a ti durante los momentos difíciles, no a los pensamientos de separación o divorcio. Oro por aquellos que traen a sus matrimonios el quebrantamiento del pasado, el dolor no resuelto y el dolor, que se vuelvan a ti como el único que puede sanar, consolar y restaurar. Muestre a los esposos cómo amar a sus esposas como Cristo amó a la iglesia y se entregó a sí mismo por ella. Muestre a las esposas cómo someterse a sus maridos, no según la comprensión mundial de la sumisión, sino según su intención. Señor, donde hay una falta de comprensión de su camino, brinde claridad. Guíe a esposos y esposas a orar el uno por el otro. Guíalos a orar juntos para que sus uniones se fortalezcan y tu amor prevalezca. Amén.

Referencias bíblicas: Génesis 2:24; Marcos 10: 9; Efesios 5:25

# Viudas

ORACIÓN POR: ZANDER ALLEN

Padre Dios, vengo ante ti para pedirte que sanes los corazones de las viudas que perdieron a sus seres queridos y les des fuerzas para seguir adelante en la vida. Si pedimos en su nombre, sé que nos enviará compañeros temerosos de Dios. Te doy las gracias porque sé que lo harás, aleluya. Sabemos que no podemos apresurarte porque su voluntad es su voluntad. Sin importar el tiempo que sea necesario, estaremos listos con los brazos abiertos. Aleluya, Padre, ayúdanos a estar listos, dispuestos y capacitados para lo que nos envías, alabado sea el Señor. Te agradecemos todo lo que has hecho por nosotros, todo lo que estás haciendo y todo lo que harás en el nombre de Jesús.

Dios Padre, sabemos que no nos dejarás y estás a nuestro lado. Sí, a veces parece difícil, pero seguimos orando y creyendo en tu palabra porque tu palabra no cambia, alaba tu poderoso nombre. Padre, te pido que sanes nuestros corazones rotos. Sabemos que se avecina un cambio en nuestras vidas que les mostrará a todos que nuestro Dios es real y que no hay nadie como tú, aleluya, alabamos tu nombre. Padre, estábamos caminando por un túnel oscuro, pero alabado sea Dios, nos trajiste a tu maravillosa luz. Te agradezco por todas estas cosas que te pido en el poderoso nombre de Jesús. Amén. Amén. Amén.

Referencia bíblica: 1 Pedro 2:9

# Depresión

ORACIÓN POR: WANDA WRIGHT

Querido Dios, me quedo quieto en mi espíritu, pidiéndote que ayudes a las mentes atribuladas por la depresión. Déjalos sentir el calor de tu amor. Envíe un ángel de esperanza para quitar toda duda y miedo. Ayúdalos a avanzar hacia un nuevo viaje. Rezo para que sus mentes sean libres. Oro para que tu amoroso Espíritu lave sus problemas. Dios, te pido que les des fuerza y ayuda. Dios, sólo confío en ti, porque eres el Alfa y la Omega, Rey de reyes. Oro para que tomes su mano y los lleves a mejores días.

Te pido que liberes aquellos que sufren de depresión, que se sientan atormentados y que están confundidos. Señor que tu espíritu esté sobre ellos dándoles un respiro de calma, de amor, de aseguranza que todo lo pueden en cristo que los fortalece. Quita toda preocupación de sus mentes, todo lo que quieren robar sus sueños, su vida, su paz en el nombre de Jesus. Restaura familias que han sido impactadas por alguien que sufre de depresión padre haz cosas nuevas y divinas en sus vidas, y en sus familias. Te pido esto en tu dulce nombre. Amen!

# Dilación

ORACIÓN POR: JESSICA FRANCOIS JOHNSON

¡Alabado sea el Señor! ¡Aleluya! ¡Gracias Jesús! Padre Dios, en el nombre de Jesús, nos dices en tu palabra que todo el que te adore te adorarán en espíritu y en verdad. Oh Dios, te pido que ayudes a todos los que posponen las cosas. Díganos con su palabra que si un hombre no trabaja, no comerá. No podemos llegar tarde a nuestros trabajos y conservar nuestros trabajos porque tu nos dices que todo debe hacerse con decencia y en orden. Sabemos que es un espíritu que no es tuyo porque nos dices en tu palabra que podemos hacer todas las cosas a través de Cristo que nos fortalece. No tenemos ninguna razón para prolongar nada de lo que nos da la visión, el sueño y la oportunidad de hacer.

Oh Dios, echo fuera todo espíritu de procrastinación y lo envió de regreso al abismo del infierno en el nombre de Jesús. Señor Dios, te pido que fortalezcas a tu pueblo en su debilidad en el nombre de Jesús. Dios Padre, nos has dado poder para hablar cosas que no son como si fueran. Le pido que envíe su ayuda a las personas que tienen el deseo de hacer cosas pero no pueden seguir adelante. Querido Dios, clamamos por tu ayuda. Te damos gracias de antemano por lo que pedimos en el nombre de Jesús. Amén.

Referencia bíblica: Efesios 5:15-17

# Ministerio Quíntuple

ORACIÓN POR: APOSTLE DINA HUBERT

Padre Dios, en el nombre de Jesús, venimos ante ti orando e intercediendo por el ministerio quíntuple. Tu palabra nos dice que nos diste apóstoles, profetas, evangelistas, pastores y maestros. Padre, te pedimos que unas y sigas cubriendo a todos los que has llamado al apostolado. Oramos para que sus apóstoles gobiernen bajo su guía. Oramos para que sus profetas hablen bajo su dirección. Oramos para que sus evangelistas proclamen el evangelio según lo ordena su Palabra. Oramos para que sus pastores guíen y alimenten al rebaño según sus instrucciones, y oramos para que sus maestros estén bien versados en las Escrituras para ser instruidos por su Palabra.

Padre, desmantelamos cada ataque contra el ministerio quíntuple. Cancelamos el escándalo y la vergüenza contra sus líderes en el nombre de Jesús. Nos oponemos al espíritu de división entre ellos y decretamos la unidad, la paz y la armonía entre ellos en el nombre de Jesús. Reprendimos el espíritu de competencia en el liderazgo y oramos para que el espíritu de corrección arregle las cosas entre ellos.

Oramos para que su poder mantenga a sus apóstoles, profetas, pastores, evangelistas y maestros. Oramos para que honren su llamado caminando dignamente de él. Decretamos santidad entre ellos en el nombre de Jesús, para que puedan resistir las tentaciones de la carne. Oramos para que calme la prisa de muchos por convertirse en parte del ministerio quíntuple. Oramos para que esperen su llamado y no lo aceleren en base a sus dones o llamados. Oramos para que los líderes de la iglesia te esperen antes de liberar, ordenando o afirmando a las personas para que ocupen cargos sin su luz verde celestial en el nombre de Jesús. ¡Amén!

Referencia bíblica: Efesios 4:11

# Creatividad

ORACIÓN POR: PASTORA RHONDA BOLDEN

Oh querido Padre celestial, estuvimos en tu mente desde el principio de los tiempos. Incluso cuando hablaste luz en medio y vacío de la oscuridad pura, tu Espíritu y poder irrumpieron en la oscuridad y crearon la luz. Gracias por nuestras hermosas madres que nos dieron a luz en este mundo para liberar la grandeza que nos infundiste. ¡Gracias por dar vida al hombre y hacernos almas vivientes llenas de creatividad divina e ilimitada! Somos libres de crear todo lo que queramos sin límite. Gracias, Dios, por usarnos para lanzar millones de invenciones en la tierra, y muchas más por venir. Sabemos, oh Dios, que todo en este mundo, desde un tornillo hasta un rascacielos, desde un disco de discos hasta un Rolls Royce, no vino de nosotros, sino de ti. Oh Dios, soplaste creatividad divina a través de nosotros y te damos las gracias.

Oramos, oh Dios, que tu creatividad divina sea liberada a través de los hijos de tu Reino. Que haya un manantial tan vertiginoso de nuevas ideas que el hombre nunca ha visto ni oído hablar. Deje que su poder fluya a través de aquellos que están entregados, emocionados y listos para recibir su conocimiento para resolver los problemas del mundo actual.

Dios, te agradecemos porque la creatividad divina es una forma de intimidad contigo y apreciamos ese momento íntimo contigo como ningún otro. Oramos fuerza y perseverancia por aquellos que están trabajando en inventos pero se desaniman un poco. ¡Tienen problemas con la falta de dinero para patentes, prototipos, abogados y encontrar personas en las que puedan confiar para ayudarlos a hacer las cosas y no robar sus ideas! Dios, te damos gracias por las porristas divinas.

asignado no para obstaculizarlos, sino para ayudarlos, animarlos y proporcionarles recursos, información, protección divina, dirección y conexiones. Gracias, Dios, por la rápida liberación de tu favor sobrenatural por las ideas temporalmente retrasadas que ahora están surgiendo en el nombre de Jesús. Declaro y decreto ahora que no habrá más demoras, NO MÁS RETRASOS. Que tu gloria reine en ellos y por ellos en el nombre de Jesús.

Gracias por el desbordamiento de financieros del Reino que están dispuestos y son muy capaces de financiar visiones divinas multimillonarias sin dudarlo. Oh Señor, puedes usarlos ahora… nuestra mente, nuestra boca y nuestras manos para impactar a las naciones. Habla Señor, habla Señor … úsanos para ayudar a otros y anímalos a usar sus buenos dones de Dios. En el nombre de Jesús, que el aliento de Dios en ellos no sea en vano. Amén, ¡y así es!

# Equilibrio

ORACIÓN POR: ALLISON WILLIAMS

Padre, te damos gracias por tu promesa de refrescar nuestros cuerpos cansados y restaurar nuestras almas cansadas. Dios, ahora mismo necesitamos desesperadamente estabilidad en nuestras vidas. Es casi imposible para nosotros no quedar atrapados en el "ajetreo" de la vida cotidiana y la abrumadora cantidad de distracciones que compiten por nuestro tiempo y atención, ya sea en el hogar, el trabajo, la familia, las redes sociales o el estado actual de los asuntos mundiales. Sin ti como el centro de nuestra estabilidad, es fácil perder el rumbo y sentirse desequilibrado. Nuestra naturaleza humana puede hacernos asumir más de lo que somos capaces de manejar y, a veces, nos encontramos en un camino por encima de nuestras cabezas. Padre, restablece nuestro equilibrio. Enséñanos a establecer límites razonables y eliminar a aquellas personas y cosas de nuestra vida que obstaculizan nuestro crecimiento.

Señor, sabemos que te preocupas por todos los aspectos de nuestras vidas. Sabemos que el equilibrio mental, físico, emocional y espiritual es importante para una vida productiva, pero a veces luchamos por lograrlo. Enséñanos a vivir sabiamente y bien. Enséñanos a estar menos preocupados por conseguir cosas para que podamos responder a tus donaciones. Ayúdanos a descubrir los momentos de Selah en los que podemos hacer una pausa, reflexionar y prepararnos para lo que sigue. Cuando nos sintamos abrumados, ayúdanos a encontrar el tiempo para estar quietos para que podamos ganar claridad y perspectiva.

Nos damos cuenta de que para recargarnos, tenemos que conectarnos a nuestra fuente de energía, así que Dios, durante esos momentos Selah, nos tomaremos un tiempo para sentarnos en tu presencia. Nos tomaremos el tiempo para permitir que nuestros corazones se eleven y rejuvenezcan a través de la alabanza y la adoración.

en lugar de la cacofonía del ruido en nuestra vida diaria. Danos un anhelo por tu palabra para que podamos aprender y recibir dirección. Ayúdanos a meditar en ello y esconderlo en nuestro corazón para que durante esos momentos en los que te sientas inestable, tengamos tu palabra de la que sacar. Enséñanos a orar, no solo para que podamos hablar contigo, sino para que podamos sintonizarnos y escuchar tu voz. Llena nuestra taza para que podamos hacer lo mismo por los demás. Dios en esos momentos de disparidad entre dónde estamos y dónde deberíamos estar, ayúdanos a hacer una pausa, conectarnos y encontrar la realineación contigo. Selah.

Referencia bíblica: Jeremías 31:25

# Trauma

ORACIÓN POR: PASTOR RACHELE A. DIXIE

Padre Celestial, tu pueblo está en una temporada de angustia y confusión en este mundo. Muchos de sus hijos se han visto afectados por un trauma. El trauma de la guerra, la violencia, las adicciones, la negligencia y mucho más. Oh Señor, oramos por la curación de aquellos que luchan contra el caos emocional que ha infectado a su hombre espiritual. Oramos para que intervengas en todos los lugares de angustia, tristeza e ira. Nos enfrentamos a flashbacks y pesadillas que sirven para traer ansiedad o miedo. Te pedimos, Señor, que nos muestres cómo ayudar a quienes sufren un trauma. Muéstranos cómo ser más compasivos y comprensivos. Muéstranos cómo escuchar sin juzgar y cómo ofrecer el amor de Cristo sincera de la Palabra a nuestros hermanos y hermanas que sufren.

Muchos esconden los traumas de su pasado y sienten que no tienen ningún recurso para curarse. Sin embargo, en este momento, oh Señor, hablamos de liberación a las tinieblas, de la vergüenza y la culpa. Exponemos las mentiras del enemigo y buscamos el camino hacia la curación con gran expectativa. Mientras lo representamos, seamos una luz en la oscuridad y llevemos esperanza a los desesperados. Deje que su amor y cuidado eclipsen cualquier mentira de inutilidad que el enemigo haya hecho creer a las víctimas del trauma. Hazles saber a través de nosotros que son amados y que hay medios para que reciban sanación en medio de la incertidumbre. Señor, coloca tu mano sobre las naciones. Por todos los que se han sentido abandonados y abandonados debido a un trauma no resuelto, oramos para que experimenten su verdadera presencia y sanación. Señor Dios, creemos que tu derrotastes al enemigo. Tu gente ya no se esconderá en el oscuridad, pero revelarán sus luchas en la luz. Que se rompan las fortalezas mientras se revelan las luchas. Que se suelten las cadenas y que los cautivos sean libres. Te amamos Señor, y te creemos para una nueva vida para todos los que están atados por un trauma. Hazlo AHORA, oh Dios, como sólo tú puedes. En el nombre de Jesus. Amén.

# Comprensión

ORACIÓN POR: JUANITA WALTERS

Padre, oro para que cada lector camine en la comprensión divina de quién eres. A medida que obtenemos revelación y conocimiento de quién eres, oro para que se cultiven conexiones más profundas contigo, que se revelen nuestros propósitos y que se revelen tus sabios consejos. Oro por nuestro entendimiento que fue creado para adorarte y darte alabanza y gloria. Oro para que entendamos que eres el Autor y Consumador de nuestra fe. Conoces el camino que tomaremos y podemos confiar en que tu perfecta voluntad es lo mejor para nuestras vidas. Oro para que entendamos por qué la obediencia a tu voluntad y tu camino es mejor que el sacrificio. Oro para que entendamos que nos creaste a tu imagen, que fuimos hechos de manera maravillosa, y que nos amas con un amor que nunca falla. Eres fiel y tu palabra no volverá a ti vacía. Eres una promesa cumplida y tus promesas son sí y amén. Somos un sacerdocio real, una generación elegida que es favorecida y llamada a salir de las tinieblas. Eres nuestro amigo, nuestro vindicador, nuestro proveedor, nuestro escudo, nuestra fortaleza, nuestra paz, nuestra roca sólida, nuestro estandarte, nuestro Redentor, nuestro justificador, nuestro hacedor de milagros, nuestro hacedor de caminos, nuestro sanador y todo lo que necesitamos. .

Oro para que entendamos que es por tu gracia y misericordia que estamos aquí hoy. Oro para que entendamos cuán grande fue tu sacrificio para salvarnos. Sufriste, sangraste y moriste para que pudiéramos tener las llaves de la vida eterna. El derramamiento de tu sangre fue para la remisión de nuestros pecados. Tu muerte y resurrección conquistaron la muerte, el infierno y la tumba. Oro para que entendamos por qué nos diste la autoridad para pisotear serpientes y escorpiones, y vencer todo el poder del enemigo para que nada nos haga daño. Oro para que entendamos cómo ningún arma forjada contra nosotros prosperará y que seamos más que vencedores a través de ti. En nuestra debilidad, tu fuerza se perfecciona. Oro por nuestro entendimiento de que nunca nos dejará ni nos desamparará. Oro para que entendamos que tenemos un sumo sacerdote que no puede ser tocado por el sentimiento de nuestras debilidades; pero fue tentado en todo según nuestra semejanza, pero sin pecado. Con cada tentación, proporciona una vía de escape. Oro para que entendamos que nuestro Señor comprende el rechazo porque Él fue la piedra que rechazaron los constructores y que se ha convertido en la piedra angular. Oro para que comprendamos que nuestro Dios nos ama más allá de lo que el mundo ve. Mayor es el que está en nosotros,quien el que está en el mundo. ¡Completaras el gran trabajo que comenzaste en nosotros! Oro para que comprendamos que fuimos elegidos y llamados por Dios para ser la luz.

Referencias bíblicas: Proverbios 3:5-6, 14:29, 2:11-16, 18:2, 2:2-5, 4:7; Efesios 2:8-10; 2 Timoteo 2:7; Mateo 6:33; 2 Corintios 10:3; Isaías 55:9; Santiago 1:2-4; Eclesiastés 3:1-22; Colosenses 4:6; 1 Corintios 2:12; Efesios 1:18

# Futuro

ORACIÓN POR: LINDA M. JOHNSON

Jesús, a medida que avanzamos en esta vida, me alegro mucho de que nos hayas dado un futuro optimista que está lleno de esperanza, alegría, amor y toda bondad.

Señor, eres tan precioso, hermoso y más dulce que la miel que gotea del panal.

Padre, conoces los planes que tienes para nuestras vidas, para darnos un futuro lleno de esperanza, gracia, misericordia, prosperidad y gozo abrumador.

Amado Dios, en el nombre de Jesús, como tus siervos, recibimos todo lo que nos prometiste.

Deja que el poder de tu Espíritu Santo nos conduzca y nos guíe a toda la verdad.

Dejemos que el fuego y la pasión en nosotros inspiren a otros a mejorarse a sí mismos y a tener un impacto en los demás.

# Lujuria

ORACIÓN POR: DAWN HILL

Querido Dios, estoy parado en la brecha por tu gente, pidiéndote que nos liberes a todos de la lujuria. Hay muchos de nosotros que luchamos con la carne. Con solo un toque, una mirada o incluso una conversación, podemos hacernos trampa. Si nos sometemos a ti, sabremos que el sexo fuera del matrimonio es fornicación. Una vez casados y unidos en su nombre, no desearíamos a nadie más que a ti y a nuestro cónyuge. Querido Dios, sabes que nuestro espíritu está dispuesto, pero nuestra carne es débil. Ayúdanos a mantener nuestro cuerpo y nuestra mente bajo sujeción para que no tengamos tantos dolores de cabeza, noches de insomnio o días de lágrimas. Oh Dios, ayúdanos a llenar nuestros vacíos con tu presencia, tu palabra, tu Espíritu, con pensamientos de tus bendiciones y el amor que nos das por permanecer en el camino que nos trazaste.

Danos la fuerza para luchar contra todos y todo lo que intente interponerse entre nosotros y nuestros cónyuges. Ayúdanos a bloquear esas voces susurrantes que nos persuaden a hacer trampa, lastimando no solo a nuestros socios, sino también a ti como nuestro Dios. Padre, líbranos de ese espíritu de lujuria porque no es tuyo. Queremos caminar en tu luz y ser agradables contigo. Queremos un amor eterno contigo y con los cónyuges que amamos y nos preocupamos. Este espíritu de lujuria es fuerte, pero Dios, eres Todopoderoso y nada te es imposible de hacer. Sabemos que eres capaz de eliminar la tentación, oh Dios. Ayúdanos a encontrar cosas que hacer para evitar que nuestra mente divague. Oh Dios, te pido que

derrames tu Espíritu y nos ayudes porque no podemos arreglar esto por nosotros mismos. Padre, te necesitamos. Amén.
Referencia bíblica: 1 Corintios 9:27

# Sufrimiento

ORACIÓN POR: DESRENE OGILVIE

Padre Celestial, Señor más precioso, nuestro Salvador y Rey, Creador de todo ser viviente, te damos gracias por ser nuestro ejemplo perfecto. Fuiste el epítome del sufrimiento y la muerte en esta carne humana para expiar todos nuestros pecados en la cruz del Calvario. Jesús, cuando soportaste todo el dolor físico, la angustia mental y el tormento como el Cordero sacrificado inocente, nos tenías en mente cuando tomaste los pecados del mundo. Dios, tu Palabra dice que fuiste herido porque continuamente transgredimos contra ti. Quedaste molido por nuestras iniquidades. Tu paz interior fue castigada a cambio de nuestra paz mental. Papá Dios, podemos sentir dolor e incomodidad en nuestro estado mental y físico debido a enfermedades y traumas repentinos e inesperados. Es posible que tengamos trastornos y dolencias que se manifestaron por nuestro compromiso con los cuidados de esta vida, pero sabemos que tenemos un abogado en ti. Siempre podemos poner nuestra vida en tus manos.

Dios, tu pueblo podemos tener una esperanza que no nos avergüence, sabiendo que nuestros problemas son temporales y no durarán. A través de situaciones que podríamos tener que sufrir y soportar, podemos concentrarnos en la meta y el premio. No tenemos que esperar hasta que termine la batalla, ¡podemos gritar ahora! Gritamos sabiendo que la batalla ya está ganada y que todo está trabajando en conjunto para nuestro bien. Dios, sabemos que habrá gloria después de esto, y tenemos la victoria sobre el enemigo. Papá Dios, te mereces todo el honor, la gloria y el elogio debido a tu nombre porque nos ayudarás y nos harás más grandes, más fuertes y mejores de lo que éramos antes. Cumplimos tus promesas. Nosotros haz que lo declare en el reino de la tierra, y lo llamamos hecho en el nombre de Jesús. Amén y amén.

Referencia bíblica: Romanos 8:18

# POTUS

## (President of the United States)

ORACIÓN POR: KENDRA RENEE' MANIGAULT

Padre Celestial, oro por el presidente de los Estados Unidos. Me presento ante ti orando para que su Espíritu descanse sobre ellos. Oro para que los hábiles hombres y mujeres de Dios puedan ministrar a POTUS con sabiduría y consejo piadoso e informado. Oro para que POTUS tenga oídos para escuchar y un corazón para entender lo que tienes que decir.

Padre, oro para que nuestro país sea guiado con más compasión, honestidad, integridad, piedad y con un espíritu más pacífico. Oramos contra la fuerza de la maldad en los lugares altos. Tú, Dios, eres nuestro refugio y fortaleza en tiempos de angustia. Deje que su sabiduría hable en la Casa Blanca y gobierne mientras oramos por la normalidad, la seguridad y la curación total en la tierra.

Oro para que POTUS no se enfrente a las buenas nuevas del evangelio de Jesucristo, la oración y nuestras casas de adoración. Oro para que tu palabra los convenza y salve su alma. La palabra del Señor prevalece, y oro para que crezca poderosa y pesadamente en su corazón. Sus rodillas se doblarán y sus lenguas confesarán que Jesucristo es el Señor. ¡Invocarán el nombre de Jesús y serán salvos! ¡Amén!

Referencias bíblicas: Romanos 13:1-2; 1 Pedro 2:13; Efesios 6:12; Salmo 46:1

# Rechazo

ORACIÓN POR: CELESTINE CISSE

Padre Celestial, en el nombre de nuestro Señor Jesucristo, creemos que eres el Hijo de Dios que quita los pecados de todos los que se arrepienten y te confiesan como Señor. Sabemos que la sangre de Jesucristo limpia todos los pecados. Gracias, Señor, por hacer provisión para la liberación del espíritu de rechazo y todas las formas de esclavitud. Señor, envía tu hacha de fuego al fundamento y raíz del rechazo. Destruye toda plantación malvada en el nombre de Jesús. Elimina todos los depósitos satánicos heredados. Eres el mismo Hijo de Dios que habló con palabras de sanación a la mujer con espíritu de enfermedad, y hoy te llamamos. Eres el mismo Hijo de Dios que libera a los cautivos para que sean realmente libres. El espíritu de rechazo ya no puede vivir. Está destruido y anulado. Toda imaginación de baja autoestima, resentimiento, amargura, indignación, ira, mal genio, contención, calumnia, abuso, malas palabras, rabia, inseguridad, malicia y rencor ya no funcionará. Satanás, tu poder de influencia maligna se rompe en el nombre de Jesús. Señor, sabemos que tu palabra acerca de la sanidad no volverá a ti vacía, pero cumplirá lo que dices que sucederá.

Ahora Padre, libera tu amor, compasión, comprensión, gracia y misericordia tan pronta y libremente como quieras. En tu palabra está escrito que el amor de Dios ha sido derramado en nuestros corazones por el Espíritu Santo que nos has dado. Padre, por favor llena esos lugares vacantes con tu redención, tu palabra, tu Espíritu, tu justicia, tu revelación y tu conocimiento. Padre, te doy gracias por tu amor redentor por Jesús.

Cristo. Gracias por su promesa de que si pedimos, recibiremos en el nombre de Jesús. Amén.
Referencias bíblicas: Lucas 13:10-13; Juan 8:36

# Amargura

ORACIÓN POR: SHARON FRANK

Dios de paz, ayúdanos a ser cada día más como tú. Oramos contra nuestra carne ahora mismo y declaramos que desechamos la amargura, y la ira, porque estos no son sus atributos. Vienen de un lugar de oscuridad. La vida puede ser muy descorazonadora a veces y nos hace sentir amargos por dentro. Incluso Job no pudo contener su boca y se quejó con la amargura de su alma, pero tú no nos llamaste a ser un pueblo amargado. Incluso cuando enfrentamos la persecución en el mundo, su Hijo nos manda tener buen ánimo porque Él conquistó el mundo. En ti tenemos nuestra paz y abrazamos esta palabra en nuestras vidas hoy. Hoy damos la bienvenida a la paz en nuestro corazón con los brazos abiertos para que sobrepase todo entendimiento y guarde nuestro corazón y nuestra mente en Cristo Jesús. Recibimos la paz, no como la da el mundo, sino la paz divina que tú das gratuitamente en el nombre de Jesús.

Danos paz para que podamos perdonar a todos los que nos han hecho daño en el pasado. Señor, por aquellos que pecaron contra nosotros, enséñanos a perdonarlos setenta veces siete, como le dijiste a Pedro. Padre, tu Palabra enfatiza que no debemos tener amargura en nuestro corazón. Debemos almacenar el amor dentro de nosotros mismos, así que ayúdanos a demostrar amor siempre, incluso cuando sea difícil hacerlo. Oramos para que no tratemos a las personas de una manera amarga o implacable porque, de ser así, así es como tu, el Juez Justo, nos tratará. Llénanos con más de tu amor para que podamos extenderlo a los que nos rodean a diario. La amargura es agotadora, pero el amor todo lo soporta, todo lo cree, todo lo espera y todo lo soporta. Padre celestial, te pedimos que crees en nosotros puro corazones. ¡Quita nuestros corazones amargos y renueva un espíritu firme dentro de nosotros! Perdónanos por las muchas ocasiones que hemos elegido para amargarnos. Sánanos y ayúdanos para que podamos volver a estar bien.Amén.

Referencias bíblicas: Efesios 4:31; Job 10:1; Juan 16:33, 14:27; Filipenses 4:7; 1 Corintios 13:7

# Sacrificio viviente

ORACIÓN

ORACIÓN POR: VIDA WILLIAMS

God, we humbly come to you for guidance and assistance in showing us how to offer ourselves as living sacrifices to you. We fall short. We stumble and fall. Our flesh interferes with our Christian discipleship. God, we want to forget ourselves and keep our minds directed by your guidance. We know you love us because we're your children. God, we thank you because you love us and show mercy for us over and over again. We no longer offer animal sacrifices. As living sacrifices, we give you our souls, our bodies, and our minds. Jesus, we fall in love with you over and over again, and the best of our lives is still ahead of us. Day by glorious day, we know we're getting closer to heaven because we feel your presence in our hearts.

Father, sometimes we're faced with peer pressure and become afraid of our Christianity. Christianity can be a difficult and lonely road to travel. We want to become better Christians and make our lives better for you. Show us how to love those who persecute us. We need your power to keep our bodies holy and sacred for you. We have to refrain from sexual immorality so that we can show the world the example of true Christian sacrifice. God, you're an amazing Father. You sacrificed your only Son, Jesus Christ, for us. He died on the cross so we could have abundant life. We want to serve you in committed worship and not with meaningless rituals. We must remove ourselves from this world and its satanic nature. We must keep our minds stayed on you. Every day, we need your power to turn away from this world and surrender ourselves to you. Give us the courage to do your will and separate ourselves from this world of lies. Hold our hands with your unchanging hand. With our faith, help us follow your voice inside and live truthful and fulfilling lives. Protect us from danger seen and unseen. Because of your love, show us how to be better Christians by loving and forgiving others. We thank you for your strong voice within telling us to be still and not follow the crowd. Through silence and solitude, we can be more like you. With patience, we wait on you and study your Word to become better Christians. Lord, keep us near. Thank you for loving us and showing us undeserved mercy. Amen.

# Favor sobrenatural

ORACIÓN POR: APÓSTOL LYDIA WOODSON-SLOLEY

SEÑOR, te damos gracias por el poder sobrenatural de tu favor. Lo extiende, incluso cuando no lo merecemos. Ayúdanos a reconocer tu intervención divina en nuestros asuntos personales mientras tu favor se extiende hacia nosotros cuando menos lo esperamos. SEÑOR, te agradecemos que tus pensamientos sean más altos que los nuestros y que tus caminos sean más altos que los nuestros.

Con tu capacidad de ver todo, puedes impartir un favor sobrenatural antes de que nos demos cuenta de que lo necesitamos. Señor, tú nos escuchas, nos proteges, suplas todas nuestras necesidades, te presentas en nuestro tiempo de angustia, tu sanas nuestros cuerpos y consuelas nuestras almas con un toque de favor sobre nuestras vidas. Por todo esto, te damos las gracias y te amamos en el incomparable nombre de JESÚS. Amén.

Referencia bíblica: Salmo 5:12

# Depresión

ORACIÓN POR: NINA D. BROWN

44ORACIÓN

Oh Señor, ¿cómo hacemos para que se detenga? Este dolor indescriptible, un dolor que nos ha dejado desconectados y con el corazón roto mientras vemos las reposiciones de nuestra desesperación convertirse en un recordatorio permanente de nuestro sufrimiento. La constante lucha interna de esta aflicción se convierte en nuestro manto de protección contra miradas frías y susurros silenciosos. Entre el resentimiento y el rechazo, se discuten dentro de nuestras almas: ¿quién será el primero hoy?

La desesperación de cada momento se ha convertido en la base que cubre las cicatrices infligidas por nuestras manos, pero somos incapaces de escapar del origen de la tortura que causamos. Cada lágrima se transforma en interludios cómicos con remates de cánticos imperceptibles de nuestros fracasos y desamores. Entonces, ¿cómo justifica el sufrimiento relacionado con esta fuente imposible de rastrear que ahora resalta nuestra propia existencia?

Señor, deseamos rendirnos, descansar, pero ningún curso de acción nos da acceso a esta solicitud. ¿Dónde está conectada esta paz con el paraíso que habla de la alegría y el amor relacionados con la mención de tu nombre? Envíanos una prueba del paraíso eterno en este lugar.

Señor, oh Señor, proporciona una vista previa de las batallas ganadas en el pasado. Revela secretos relacionados con la manifestación de mentiras asociadas con promesas incumplidas enmascaradas por la falsa presentación de nuestra realidad actual. Nuestras almas lloran porque tienen sed de ti. Nuestra carne está ganando, pero nuestro espíritu está decidido a no rendirse; sin embargo, crecemos cansado. Ayúdanos, Señor, ayúdanos a navegar y burlarnos de la representación falsa de nuestra realidad actual.

Ayúdanos a exhalar dolor y miseria, y ayúdanos a inhalar vida, alegría, amor y paz. Ayúdanos a exhalar aislamiento y tristeza, y inhalar gracia y misericordia, exhalar mentiras y desánimo, e inhalar tu fuerza y poder para resistir lo que se levanta contra ti, concédenos la fortaleza para estar de pie y ver la salvación del Señor. Protege nuestras mentes mientras peleamos esta guerra que desea alcanzarnos. Señor, respira sobre nosotros mientras nos guías fuera de este lugar de dolor a tus brazos de seguridad, porque en ti recibiremos descanso y restauración.

Referencia bíblica: Salmos 69: 1-3

# Curación

ORACIÓN POR: BILLIE OGLESBY

Padre, en el nombre de Jesús, venimos valientemente a tu trono agradeciéndote por lo que has hecho y lo que estás haciendo continuamente. Antes de la fundación del mundo, pusiste disposiciones para que hablemos y declaremos sanidad contra todo lo que obra en nuestra contra física y emocionalmente. Desde el principio hasta el final, es tu voluntad perfecta que estemos completos, por dentro y por fuera.

Padre Celestial, cuando oramos, estamos frente a ti con la confianza de que tu poder sanador se libera a través de nuestra boca y se manifiesta en nuestro cuerpo. El precio ya fue pagado en Calvario como parte de su plan redentor para nosotros. Es nuestra oración que su poder sanador se manifieste en nuestros cuerpos para negar las mentiras, el miedo y la duda. Nos recuerdas a través de tu palabra que tenemos una herencia que por derecho nos pertenece. Declaramos y decretamos que operaremos con fe. Nos aferramos a su palabra inmutable y estaremos agradecidos hasta que llegue la curación. Señor, en el nombre de Jesús, nos enfocamos y aplicamos tu palabra a cada síntoma físico que enfrentamos.

Padre, la sanidad es tu voluntad inmutable para nosotros. No es automático, pero lo pedimos y lo recibimos por fe tal como recibimos nuestro nuevo nacimiento por fe. Te damos gracias Padre, porque la sanidad es nuestro derecho como hijos nacidos de nuevo de Dios. A lo largo de tu palabra, nos recuerdas nuestra herencia y nos aconseja a vivir en la plenitud de nuestros derechos. La curación no es una parte inalcanzable del evangelio. Señor, comisionastes a los enfermos para que fueran sanados cuando viniste a predicar las buenas nuevas, así que reconocemos que

Tu palabra dice que enviaste tu palabra; los sanaste y los libraste de su destrucción. Dios, siempre proporcionaste sanidad para tu creación. Mientras estuvo aquí en la tierra, habló continuamente de liberación y sanidad, y eso no ha cambiado. Sigues siendo nuestro sanador. Señor, apreciamos el maravilloso regalo de la curación y el poder de tu sangre para sostenernos. Señor Jesús, te damos gracias por el cumplimiento de tu palabra. Amén y amén.

Referencia bíblica: Salmo 107: 20

# Guia

ORACIÓN POR: PATRICIA ETHEAH

Oh Señor, ayúdanos a seguirte. No dejes que se haga nuestra voluntad, sino la tuya. Señor, oh Señor, necesitamos tu guía. Necesitamos su ayuda porque no podemos ver nuestro camino lo suficientemente claro como para avanzar en las cosas que deseamos. Señor, ayúdanos a esperar, a velar y a seguir orando y alabándote por esas cosas. Lo sabremos porque su Espíritu y palabra serán confirmados y seguirá la confirmación. Señor, gracias por permitirnos confiar en tu guía. Por favor, guíanos por el camino que debemos seguir. Gracias por tu amor incondicional. Gracias por escuchar nuestra solicitud. Señor, ayúdanos a obedecer tu voluntad por el resto de nuestras vidas y a que nuestra voluntad se someta a la tuya. Si miramos hacia las colinas de donde viene nuestra ayuda, sabemos que tú nos ayudarás. Ayúdanos a ser humildes y a no mantenernos firmes en nuestro propio entendimiento. Oramos por discernimiento para ver antes de reaccionar en el nombre de Jesús. Endereza nuestros lugares torcidos. Muéstranos cómo esperar su tiempo y estar todavía en nuestra espera. Por favor, guíanos con sus ojos para que podamos avanzar con la dirección de su Espíritu Santo.

¡Señor, dijiste que nadie es perfecto excepto tú! por eso confiamos en tu palabra. Caminamos y nos aferramos a ti para llegar a nuestro destino. Señor, ayúdanos en nuestro espíritu y ayúdanos a no apoyarnos en nuestro propio pensamiento. Ayúdanos a enfocarnos en tu palabra y caminarla en nuestras vidas. Tu palabra tiene fuerza y poder cuando estamos débiles y sin esperanza. Necesitamos recordar sus promesas para nuestras vidas. Se trata de esperar y cronometrar, y no adelantarse. Sin ti, no podemos llegar lejos. Señor, ayúdanos a buscar tu Reino primero para que puedas dirigirnos por el camino que debemos seguir. Sabemos que cuando esperamos y meditamos en tu palabra, podemos hacer lo que tú harías. Cuando creemos que podemos hacerlo todo por nuestra cuenta, fallamos y estropeamos todo lo que nos confiaste. Amén. Ayuda grita desde nuestro espíritu porque sabemos que no hay nada bueno en nosotros. Señor, nuestra oración y nuestro clamor es ser humilde y permitir que nos guíes a tu verdad. Amén y amén.

Referencias bíblicas: Jeremías 10:23; Proverbios 14:12; Salmo 119: 12, 25:4, 48:14; Juan 10:27; Mateo 6:33

# Padres

ORACIÓN POR: GLORIA FONDJO

A medida que crecemos dentro de nuestras familias, somos creados y moldeados por quienes nos crían. Sus acciones y decisiones finalmente afectan en quién terminamos convirtiéndonos para el mundo y para la próxima generación. Señor, te pedimos que ilumines a los padres para que tomen decisiones acertadas para sus hijos. Como guías, da a los padres la fuerza, el coraje y la sabiduría que necesitan para criar siervos fieles en su Reino. Señor, que se sientan inspirados para actuar en tu nombre y hacer lo que tú harías, y no como la sociedad les hace creer que deberían hacerlo. Dales inspiración a enseñar a sus hijos a amarse a sí mismos primero. Inspire a que enseñen a sus hijos a amarse como se aman a sí mismos, a apreciar a sus compañeros, a ser amables, agradecidos, compasivos y a tener siempre presente que viven para servir al Reino del Señor. Ayúdelos a recordar que las cosas están hechas para ser usadas y las personas fueron hechas para ser amadas y no al revés.

Querido Padre, ayuda a nuestros padres a reconocer el gran papel que juegan en nuestras vidas. Dales humildad para reconocer y disculparse cuando se equivocan. Al final del día, la paternidad es un viaje de aprendizaje, no una habilidad. Ayude a los nuevos padres a encontrar con gracia el camino hacia ti para que pueda guiarlos a medida que avanzan. Padre, ayúdalos a influenciar nueva vida a ti y enséñales a sus hijos cómo diferenciar su voluntad de la tuya. Señor, te damos gracias por aparecer en nuestras vidas a través de nuestros padres. Que siempre los mantenga a salvo. Que siempre estén orgullosos de su legado. Padre, deja que todas las maldiciones generacionales se rompan en tu sagrado nombre. Que los reemplaces con bendiciones generacionales que honra tu omnipotente nombre. En el nombre de Jesús, amén.

Referencia bíblica: Efesios 6: 4

# Dolor

ORACIÓN POR: ANTIONETTE LESLIE-HOLLAND

Amado Padre Dios que estás en los cielos, gracias por toda tu misericordia y bondad. Te agradezco tu amor y guía todos los días. Padre Celestial, nos has hecho maravillosamente. Nos conoció antes de que viniéramos a este mundo y conoce el final de nuestras vidas. Señor, escúchame mientras oro. Oro por aquellos que están de luto y de duelo por la pérdida de sus seres queridos. Consuela sus corazones rotos en el duelo por sus seres queridos perdidos en el presente y en el pasado. Fortalece a quienes sienten que no pueden seguir adelante.

Nos guía tu Palabra divina que nos dice que la alegría llegará por la mañana. Sabemos que estas no son meras palabras, sino palabras santas que vienen de ti. Haznos saber que el gozo del Señor es nuestra fuerza. Nos da la fuerza para enfrentar la pérdida de seres queridos. Cuando los recordamos, no los recordamos con lágrimas de tristeza, sino con lágrimas de alegría y felicidad por saber que nuestros seres queridos ya no están en el dolor y el sufrimiento. Señor, que continuemos leyendo tu palabra para construir nuestra fe en ti y animar a otros. Sabemos que la muerte es parte de la vida, por eso oró para que nuestros seres queridos conozcan a Jesucristo como su Señor y Salvador. En el nombre del Padre, del Hijo y del precioso Espíritu Santo, oro. Amén.

Referencias bíblicas: Salmo 30:5, 29:11

# Desempleo

ENTRY BY: TARA FRAZIER

Oh Dios, cuán glorioso y majestuoso es tu nombre. Cuán soberano es tu nombre. Señor, te adoramos. Venimos a ti con corazones humildes y con gratitud. Venimos a tu presencia con amor y acción de gracias por todo lo que has hecho, oh Dios. Antes de enviar nuestras peticiones, queremos decirte que te amamos y adoramos, oh Dios. Honramos su presencia y hoy hablamos bien de ti. Te agradecemos tu amabilidad y fidelidad. Te damos gracias por ser siempre Dios en nuestras vidas. Le agradecemos por ser nuestro creador de caminos y nuestro proveedor. Lo llamamos Jehová-Jireh, nuestro proveedor. Te llamamos Jehová Shalom, nuestra paz. Te llamamos El Shaddai, nuestro Señor Dios Todopoderoso, y te llamamos El Elohim, el Dios eterno. Te llamamos nombre santo y justo porque eres cosas para todas las personas. Ahora Señor, oramos por aquellos que necesitan una bendición. Venimos en nombre de su gente que necesita trabajo. Venimos ahora a pedir un favor a quienes presenten solicitudes en línea y en persona. Venimos ahora para aquellos que buscan desesperadamente los medios para mantener a sus familias.

Dios, sabemos que eres un proveedor, por eso te pedimos tu mano de misericordia cada vez que presionan el botón de enviar. Oramos por su mano misericordiosa cada vez que completan una solicitud de empleo. Oramos por su mano misericordiosa cada vez que se entrevistan para un puesto. Oramos por claridad de expresión, sinceridad y honestidad en el nombre de Jesús. Oramos por el favor del hombre y de cualquier persona que entreviste a su gente. Dios, te pedimos que abras las puertas a quienes buscan trabajo activamente. Envíe inesperado ingresos para aquellos que tienen necesidades económicas.mantenga aquellos que están buscando empleo. Permítalos encontrar el favor de sus cobradores de deudas y eliminar algunas de sus deudas. Limpia la pizarra, oh Dios. Déles un nuevo comienzo y deje que su crédito no se vea afectado en esta temporada por la pérdida de empleo. Dios, sé que puedes hacerlo porque tu palabra nos dice que pidamos lo que queramos en tu nombre y se hará. Dios, En el nombre de Jesús, oro. Amén.

# Hombres

ENTRY BY: MOZELLEN DOBIE

Padre Celestial, vengo en el incomparable nombre de Jesús. Creador de todas las cosas, Dios, eres el mismo aire que respiramos. Señor, oro en nombre de los hombres. Hablaste la palabra e hiciste al hombre a tu imagen. Soplaste en sus fosas nasales y se convirtió en un alma viviente, gracias Jesús. Dijiste que lo que hiciste fue bueno porque eres un buen Dios, gracias Jesús. Dios, oro por la fuerza del hombre. Rezo por la paz del hombre. Rezo por la mente del hombre. Vivimos en tiempos peligrosos. Los hombres se están volviendo más amantes de sí mismos que de Dios. Oro para que sus corazones se vuelvan hacia ti y busquen tu rostro, gracias Jesús. Oro para que cubran a sus esposas y sean protectores de sus familias. Dios, creaste al hombre para servirte. Tienes un plan para la vida de tu creación; un plan para el bien y no para el mal, gracias Jesús.

Padre celestial, le diste al hombre el dominio sobre todo. Oro para que los hombres ocupen el lugar que les corresponde. Oro para que te reciban como su Señor y Salvador y sean llenos del Espíritu Santo. Jesús, oró para que los hombres se den cuenta de que son un sacerdocio real. ¡Aleluya, gracias, Jesús! El diablo viene a robar, , matar y destruir, pero tú viniste a dar vida. Oro para que los hombres vivan sus vidas para agradarte y levantar el nombre de Jesús. Señor, por favor protege a los jóvenes y mantenlos enfocados. Ayúdales a que te conozcan a una edad temprana. ¡Aleluya! Ayude a los hombres mayores a enseñar a los jóvenes. Jesús, oró para que las esposas levanten a sus esposos en oración mientras los apoyan como buenos ayudantes. Dios, hiciste al hombre cabeza y no cola, prestamista y no prestatario para arriba y no para abajo, aleluya, gracias, Jesús. Dios, rezo para que los hombres en todas partes se den cuenta de cómo necesitan la palabra de Dios para ordenar sus pasos. Oro para que los hombres estudien tu palabra. Tu palabra conduce, enseña y guía a toda la verdad. Tu palabra es vida. Dios, tu palabra es fuerza, aleluya, gracias Jesús. Mientras elevo a todos los hombres hacia ti, oro para que tu amor, paz y protección los cubra en el nombre de Jesús.

Referencia bíblica: Romanos 12:1

# Agricultura
ENTRY BY: VERNETTA DRUMMOND-MERCER

Padre Dios en el nombre de Jesús, te damos gracias y te damos gloria por todas las cosas. Te agradecemos los muchos beneficios que nos brindas a diario. Señor, dijiste que bendecirás a quienes pusieran su confianza en ti. Dijiste que nos harías como árboles que crecen vibrantes. No tendremos que tener miedo cuando cambien las estaciones porque nuestras hojas permanecen verdes. Cuando no llueve, no nos preocupamos porque seguiremos dando frutos. Dios, dijiste que abrirías los cielos, el almacén de tu generosidad, para enviar lluvia sobre la tierra en la estación adecuada y bendecirás el trabajo de nuestras manos. Dijiste que le prestaremos a muchas naciones y no deberías nada.

Te agradecemos por la agricultura de nuestra nación, que es una parte importante de nuestra supervivencia y una base para nuestro sistema económico. Señor, danos rocío para enriquecer la tierra con abundancia de grano. Te damos gracias por el desborde en lo sobrenatural y por la manifestación en lo natural. Señor, ayúdanos a prestar mucha atención a los rebaños y a conocer, a través de la oración y buscando tu rostro, la condición de tus rebaños. Padre, permite que la tierra produzca vegetación y produzca buena semilla. Dijiste en tu palabra que si uno plantaba y otro regaba, dabas el aumento. Mientras oramos, oramos con la intención de creer que a través de la fe de la semilla de mostaza, todo es posible a través de ti. Te damos las gracias porque sabemos que puedes. Puedes hacer cualquier cosa menos fallar.

Al arrepentirnos, te pedimos que renueves la tierra en la que cultivamos nuestros alimentos. Preserva la tierra de la maldad de los hombres y perdona nosotros por nuestro mal uso y maltrato! Ayúdanos a cultivar nuestras plantas y cuidar el ganado para tener el suministro de alimentos para sustentar la civilización humana. Señor, te agradecemos por permitir que la agricultura cambie nuestra nación proporcionandonos riqueza. Bendiga a nuestros procesadores de alimentos para eliminar la contaminación de nuestros alimentos. Te agradecemos por dar a la humanidad la sabiduría para crear estos sistemas. Amén.

Referencia bíblica: Salmo 24:1

# Encarcelamient

ORACIÓN POR: DR. LESLIE DUROSEAU

Hazme justicia, oh Dios, y defiende mi causa. Oh Dios, ¿por cuánto tiempo, oh Dios, dónde está nuestra ayuda? Diariamente buscamos tu rostro, porque nuestra ayuda viene del Señor. ¿Cuánto tiempo debemos vivir como animales enjaulados sin un amo? porque tú eres nuestro Señor, nuestro Maestro y nuestro Rey. Líbranos de esas cosas que nos mantienen atados.

El Shaddai, el Dios Todopoderoso, nuestros cuerpos están encadenados pero nuestras mentes están libres en ti. Libéranos, querido Señor, de aquellas cosas que nos reprimen. Líbranos de esas cosas que nos alejan de la verdad de quiénes somos en ti y de la verdad de quiénes eres en todos nosotros. Bendice a quienes nos cuidan. Son tus mensajeros, tus siervos que vienen a alimentarnos con nuestro pan de cada día y a traernos maná del cielo.

Te necesitamos Señor, porque nuestra ayuda viene solo de ti, el gran Dios. Perdónanos y no nos desprecies para siempre. Extiende tu misericordia y tu gracia hacia nosotros, porque todavía somos tus amados hijos. Algunos se han apartado de ti y otros son víctimas inocentes.

Nos volvemos de nuestros malos caminos. Nos humillamos y buscamos tu rostro. Estamos abatidos pero no quebrantados, porque nuestra esperanza, nuestra confianza y todo lo que somos está en tus capaces manos.

Nos sentimos humildes cuando clamamos Abba, Padre, escucha nuestras oraciones. Tu oído está cerca de los quebrantados de corazón, de los que están en

problema. Tú, Dios, eres nuestra vía de escape. Líbranos, Señor, porque tú eres Dios de justicia, paz y rectitud. Amén.

Referencia bíblica: Habacuc 1:2-5

# Sobre el Author

BIO: DR. TENARIA DRUMMOND-SMITH

Dr. Tenaria Drummond-Smith, una emprendedora ambiciosa y con múltiples talentos, es la fundadora y visionaria de Mujeres impresionantes en movimiento, Inc., un ministerio personal nacido en 2006 que se ha convertido en un movimiento y una organización que promueve el compañerismo y la unidad entre todos mujeres con el amor de Dios por medio de Jesucristo. Nacida en Nueva York y ex empleada de la administración pública, una serie de cambios en su vida la motivaron a reinventarse. Ella es una sierva del evangelio con toda su alma y con mucho gusto dedicará su tiempo a ministrar a cualquiera que quiera saber acerca de Su gracia y misericordia para con ella. Ella es un testimonio vivo de lo que el poder de Dios ha hecho en su vida y les dirá libremente a otros cómo Él puede cambiar sus vidas para mejor.

Tenaria tiene una gran pasión por unir a mujeres de todos los ámbitos de la vida y enfatiza la demostración de amor a todos los que conoce. Con experiencia como creadora de artesanías y organizadora de eventos, le encanta retribuir a la comunidad. La publicación revolucionaria del primer libro de Tenaria, He sido herida en la iglesia , impulsó su creciente lista de logros personales y profesionales, incluida la de convertirse en autora de éxitos de ventas.Mujeres impresionantes en movimiento tiene una presencia establecida en Facebook.com de más de 920.000 seguidores (en conjunto con el Blog Mujeres impresionantes en movimiento, también en Facebook), mientras que Tenaria tiene una presencia cada vez mayor en las redes sociales como una industria unipersonal a través de

Instagram. LinkedIn y YouTube. Tenaria tiene la visión y el corazón dados por Dios para

Celebra a las mujeres que hacen cosas fenomenales pero que rara vez son reconocidas, y su propósito es servir como plataforma para mostrar a las mujeres que han impactado la vida de quienes las rodean. Después de su primer lanzamiento, hubo dos libros adicionales en coautoría con mujeres que estaban dispuestas a contar sus historias de dolor, inspiración y aliento (Mujeres impresionantes en movimiento Amor basada en gracia). Esta nueva aventura le ha demostrado a Tenaria que Dios aún no ha terminado con ella.

# Coautores de la contraportada

(Los nombres a continuación coinciden con las imágenes de la contraportada de izquierda a derecha.)

1    Tenaria Drummond-Smith (Author)
2    Sophia L. Greene
3    Roberta Jones-Johnson
4    Prophetess Von Brand
5    Annetta Drummond
6    Queen Mother Dr. Delois Blakely
7    Janet Lennox
8    Dawn Grantham
9    Miranda Rivers
10   Sarah Nichols

| | |
|---|---|
| 11 | Cameo Boone |
| 12 | Cyrinthia Hill-Flowers |
| 13 | Joyce Rollins |
| 14 | Cheryln Oliver-McKay |
| 15 | Esther Burgess |
| 16 | Theresa Byrd |
| 17 | Pastor Shawn Quallo |
| 18 | Jacquelene Scruggs |
| 19 | Wendyann Williams |
| 20 | Sherrell D. Mims |
| 21 | D.D. Houston Dupree |
| 22 | Jean Thompson |
| 23 | Lesley George |
| 24 | Pinkie Farmer |
| 25 | Keeva Dedewo |
| 26 | Zander Allen |
| 27 | Wanda Wright |
| 28 | Jessica Francois Johnson |
| 29 | Apostle Dina Hubert |
| 30 | Pastor Rhonda Bolden |
| 31 | Allison Williams |
| 32 | Pastor Rachele A. Dixie |
| 33 | Juanita Walters |
| 34 | Linda M. Johnson |
| 35 | Dawn Hill |
| 36 | Desrene Ogilvie |
| 37 | Kendra Renee' Manigault |
| 38 | Celestine Cisse |
| 39 | Sharon Frank |
| 40 | Vida Williams |
| 41 | Apostle Lydia Woodson-Sloley |
| 42 | Nina D. Brown |
| 43 | Kandra Albury |
| 44 | Billie Oglesby |
| 45 | Patricia Etheah |
| 46 | Gloria Fondjo |
| 47 | Apostle Martha Green |
| 48 | Antionette Leslie-Holland |
| 49 | Minister Tyra Frazier |